20世纪中国图书馆学文库·34

怎样利用图书馆

刘久昌　宁国誉　著

圙　國家圖書館出版社

本书据书目文献出版社 1982 年 2 月第 1 版排印

目 录

1

序

　　图书馆是人类的知识宝库,它是通过搜集、整理、保藏和提供书刊资料来为广大读者服务的科学教育文化事业单位。对于广大读者来说,它是知识之源,是良师益友,是人们终身学习的场所。

　　图书馆也是国家整个科学技术情报体系中的重要组成部分,它在为四个现代化搜集、整理、加工和传递科学最新进展及先进技术的图书、情报资料方面,分担着科研工作者查找资料文献的前期劳动,是科学工作者的忠实助手。

　　在建设社会主义精神文明和物质文明的伟大事业中,图书馆是"宣传站",是"参谋部",也是"智力资源"的重要基地之一,具有重要的社会地位和作用。

　　我们这样评述图书馆是否言过其实呢? 不是的。因为,实践已经证明:人们学政治,学经济,学科学,学技术,学文化,都需要图书资料;进行尖端科学技术的研究和发明创造,更是离不开图书资料,离不开图书馆。正因为如此,人们才迫切需要图书馆,渴望利用图书馆。所以,图书馆理应受到人们的重视和赞誉。

　　粉碎"四人帮"以后,特别是党的十一届三中全会以来,图书馆里呈现一派欣欣向荣的景象。许多中老年专家、学者、工程技术人员,以及许许多多的青年朋友,一齐涌进了图书馆。他们勤奋读书,认真学习,潜心钻研,立志攀登精神文明高峰和科学技术高峰,为祖国四化建设贡献力量。这是何等可喜的事啊! 作为图书馆工作者,我们透过此情此景,看到了祖国的希望和美好的未来,增强了实现四化的信心。

然而,我们在工作中,也发现有些青年朋友,对图书馆还很陌生。他们在学习、工作中遇到了疑难问题,很想利用图书馆,但不得其门而入。他们往往花费很多时间,而找不到所需要的书刊资料。因此,他们感到焦急和苦恼,学习积极性受到了挫伤。

面对这种情况,我们觉得图书馆工作者有责任向社会宣传图书馆的工作,特别应该向广大青年读者介绍一下有关图书馆工作的常识,帮助他们尽快地学会利用图书馆,以便使图书馆在普及科学文化知识,提高中华民族的科学文化水平和为四化服务中,发挥积极的作用。今天,我们将这本小册子奉献给广大的青年朋友。如果青年朋友们读了这本书,对利用图书馆自学或从事科学研究能有一点帮助的话,那我们也就感到很高兴了。

我们在编写此书的过程中,得到了天津市人民图书馆党组织的支持,和图书馆界同行的鼓励和帮助,特别是得到了天津市人民图书馆借阅部在图书资料方面的帮助和北京图书馆徐文绪同志的具体指导。对此,我们表示衷心的感谢!

写作这本小书只是初次尝试,由于我们水平有限,书中缺点和错误一定不少,我们诚恳地希望广大读者和图书馆界的同志们给予批评指正。

刘久昌　宁国誉
一九八一年四月于津门

第一章　人民的社会大学

　　人们常说,图书馆是培养人才的重要基地,是自学深造的场所,也是攻克科学城堡的战场。这话颇有道理,事实上也正是如此。

　　图书馆藏有成千上万种系统收藏的图书资料,其主要目的是为人民大众提供知识。人们学政治,学经济,学科学,学技术,学文化,都需要图书资料。进行尖端科学技术的研究和发明创造,更离不开图书资料,离不开图书馆的帮助。图书馆是人们终身学习的地方,所以人们赞誉图书馆是"人民的社会大学"。

　　图书馆愿意成为每一个读者的忠实朋友。她需要你的只是强烈的求知欲望和锲而不舍的刻苦学习精神,她所能给予你的则是无穷无尽的知识宝藏、进步的阶梯、智慧和力量。亲爱的读者,请接受图书馆对你的邀请吧:

　　　　我这里是一个广阔无比的天地,
　　　　欢迎人们来这里作奇妙的旅行。
　　　　只要你愿意把一行行铅字当作探险的道路,
　　　　你就可以在历史和宇宙的空间纵横驰骋。

　　　　在这里你可以走遍地球上的每一个角落,
　　　　也可以访问太空中的每一颗星星;
　　　　还可以走进帝王的宫殿和奴隶的营寨,

去会见古今中外的每一个名人。

在今天大干四化的火红年代里，
党中央叫我向你们发出盛情的邀请：
谁愿意向着四个现代化的高峰登攀，
就请到我这里来寻找前进的路径……

"马克思的脚印"的启迪

谈到利用图书馆，我们很自然地想起"马克思的脚印"的故事。

马克思从1849年移居伦敦起直到逝世，与英国博物院图书馆结下了不解之缘。他十分看重那里的藏书，因为有许多珍贵的图书和资料是他从事研究所必须参考的。他每天差不多总是第一个进馆，最后一个离馆，几十年如一日。马克思在那里有个习惯的固定的座位，每当读书读到兴奋的时候，他就情不自禁地把脚在地面上来回搓磨，竟把座位下坚硬的水门汀地面磨出了两道深深的脚印！人们盛赞这是"马克思的脚印"。

"马克思的脚印"是读书破万卷，踏碎旧世界的伟大脚印。从这巨人的脚印里，看到了伟大的革命导师马克思勇于攀登世界科学高峰的革命坚韧精神。马克思为了写作《资本论》，整天在英国博物院图书馆里翻阅图书资料，广泛深入地研究了各个领域的知识。他对哲学、法学、历史学、科学技术史、政治经济学、统计学、数学、生物学、物理学、化学、文学，以至解剖学、复式簿记等等，都细心地研究过。为了写《资本论》，他作过笔记、摘录的书就达一千五百种以上，读过的书更是无法统计了。他的笔记、提要，可以编成许多巨册。在写作《资本论》第三卷地租部分时，他特别研究了原始社会史、农学、俄国和美国的土地关系、地质学以及其他许多问题。为了研究俄国土地关系的第一手材料，他还花费了很多时间专门学习俄文。

俗话说，"根深才能枝壮，花荣才能果硕"。正是由于马克思这种坚韧不拔的精神，才完成了《资本论》这部宏伟的科学巨著。他以自己的实际行动实践了他的这句名言——"在科学上没有平坦的大道，只有不畏劳苦沿着陡峭山路攀登的人，才有希望达到光辉的顶点。"

列宁也像马克思一样，很善于利用图书馆，他的许多时间是在图书馆里度过的。可以说，图书馆是列宁从事革命工作不可缺少的得力助手。无论是在敌人的监狱里，还是在流放地的困难条件下，或是侨居国外的时候，列宁总是要想尽办法借到图书馆的图书，认真地阅读和研究。

在彼得堡监狱里，列宁被关了十四个月，也利用图书馆读了整整十四个月的书。列宁为进一步研究以前已着手的经济问题，在狱中搜集了所需的书籍。这样，就进行了撰写《俄国资本主义的发展》一书的最初准备。当时，人们常常看到他从监狱图书馆借来一大堆书。

列宁被流放去西伯利亚时，途中曾在克拉斯诺雅尔斯克城住了五十多天。他刚到那不久，有一天监视员发现列宁突然不见了，于是惊慌地鸣起了警钟，叶尼塞省的警察机关都慌张起来了。这时，列宁却安静地坐在一座图书馆里读书呢！此后，他每天都到城外的图书馆去看书。图书馆离城二俄里多，来回要走约一小时，他把这看作是愉快的散步，一天也不中断。

列宁流亡在瑞士的时候，居住在布里格尔街的一位鞋匠的家里。当时，他几乎每天从不间断地从这条小街到不远的中央图书馆或社会档案馆去。列宁在那里阅读图书资料，从事写作，完成了《帝国主义是资本主义的最高阶段》一书。他还在那里搜集了后来写《国家与革命》的材料。列宁为了写作《帝国主义是资本主义的最高阶段》一书，在图书馆阅读了英国霍布森的《帝国主义》、《法兰西内战》等近四百本书，还从《帝国主义丛刊》中摘录了许多材料。

列宁利用图书馆勤奋学习、研究的情形，可以从他的夫人克鲁普斯卡娅的一段回忆中看出：

"1916年秋和1917年初，伊里奇集中全副精力从事理论工作。他尽量利用图书馆开放的时间。他每天九点到图书馆，一直坐到十二点，十二点十分整回到家里，午饭后再到图书馆去，一直坐到下午六点……"

列宁为什么要常常利用图书馆呢？因为，列宁在研究和探讨某一问题时，总是把关于这一问题所有的事实仔细认真地弄清楚，直到完全明白为止。为了这个，他总要运用大量的各种各样的书籍、文献和调查材料。如在著述《俄国资本主义的发展》一书时，他曾阅读和批判地应用了近六百种书籍，并在这部著作中有这些书的引证。当时，列宁没有钱买这么多参考书，即使有钱，也没有时间跑小书店。因此，各个图书馆的丰富的藏书和图书目录，帮助了列宁写出了《俄国资本主义的发展》这样巨大而重要的著作。

毛泽东同志在长期革命斗争中，也很重视利用图书馆学习和从事革命活动。毛泽东在学生时代，便很喜爱图书馆。1912年春天，他考入了湖南长沙第一中学。这所学校才开办不久，校舍、设备都很简陋，师资水平也不高，远不能满足毛泽东同志如饥似渴的求知欲望。他在这所学校读了半年书后，因为没有钱缴纳学膳费，又不满意学校的一些措施，就退了学，寄居在长沙新安巷的湘乡试馆。在这里，他开始了新的自修的学习生活。

离新安巷大约三里的定王台，有藏书丰富的湖南图书馆。毛泽东同志每天在试馆里吃过早饭后，就匆忙地赶到图书馆去看书，一直看到天黑才返回试馆。中午常常饿着肚子不吃饭，有时口袋里有零钱,就到街上买几个包子或饼子充饥。从夏到秋,从秋到冬,天气逐渐冷了,有时天空飘洒着雨雪,他穿着单薄的衣服在雨雪中走来走去,到图书馆看书很少间断过。

在湖南图书馆里,毛泽东同志看书的数量既多,种类又广,而兴趣最大、收获最多的是社会科学著作。他读了亚当·斯密的《原富》、孟德斯鸠的《法意》、斯宾塞尔的《群学肆学》、卢梭的《民约论》、约翰密尔的《伦理学》,以及《社会通论》、《穆勒名学》和一些世界地理、历史的书籍,希腊、罗马的古典文艺作品等。仅仅半年多的时间,他看过的书籍达几十种。强烈的求知欲望,驱使他贪婪地读,拼命地读,每读一本书,都觉得有新的收获,新的体会。后来,毛泽东同志回忆这种读书情况时,饶有风趣地比喻说:那时,就像牛闯进了人家的菜园尝到了菜的味道,拼命地吃!在湖南图书馆读书学习的日子,是毛泽东同志学习生活中最可纪念的半年。他的异乎寻常的丰收,不但在于读了几十种新书,增进了知识,开阔了眼界,还在于提高了思想认识,树立了解放劳苦大众的奋斗目标。

1914年春季,毛泽东同志考入湖南第一师范学校。课外时间,他喜欢上学校图书馆借书。晚上,吹熄灯号了,他就点燃自备的一盏小油灯,用竹筒垫起,坐在床上看书,并作读书笔记,有时彻夜不睡。湖南第一师范图书馆的藏书比较丰富,毛泽东同志阅读的范围也很广泛,中国的经史子集,世界各国的历史、地理、哲学、文学都读。他尤其喜欢用心钻研历史和地理,多方搜集史地的新出版物与期刊上的史地资料。在校期间,他向学校图书馆借书的次数最多。阅读后,写下心得体会和摘录一些重要章句,经过四、五年的积累,毛泽东同志的读书笔记本共有几网篮。

1918年夏天,毛泽东同志从师范毕业后,经杨昌济先生介绍,到北京大学图书馆担任助理员。这期间,他与李大钊同志一道组织"马克思主义研究会",利用图书馆这个阵地和进步书刊,探求中国革命的正确道路,宣传马克思列宁主义,传播科学社会主义思想,团结和教育青年从事革命活动。

1920年,毛泽东同志在长沙展开广泛的革命活动时,亲手创办了"文化书社";1922年又创办了湖南青年图书馆,作为传播马列主义的重要基地。1921年,毛泽东同志在创办"湖南自修大学"和1923年举办"农民运动讲习所"时,都附设了一个藏书丰富的图书馆或图书阅览室,这对于提高干部的马列主义水平,培养领导农民运动的革命领袖,推动革命事业的发展,都起了积极的作用。

榜样的力量是无穷的。为了在本世纪末把我国建成四个现代化的社会主义强国,我们应该学习革命导师刻苦学习的精神,永远循着"马克思的脚印"向前。同时,我们要发扬"攻书莫畏难"的精神,到图书馆去,充分利用图书馆的宝藏,探求自然科学领域的奥秘,或者搜寻打开社会科学宝库的钥匙,用我们的双手创造祖国兴旺发达的新时代!

培养人才的重要基地

在科学技术迅速发展的今天,图书馆在人类发展史上的地位也越来越重要。图书馆不仅是保存人类文化遗产、交流科学技术成果的基地,而且还是锤炼和造就人才的肥壤沃土。综观古今中外许许多多人中英杰,层出不穷,灿若群星。但考察他们的成功因素,除了必须具备优异的先天素质之外,善于使用图书资料,掌握人类知识的宝藏,在促进个体的心理发展和人才的成长中,无疑是起着巨大作用的。

图书馆作为人类知识的宝库,自古以来就受到人们的普遍重视和利用。许多著名学者几乎都很喜欢接近图书馆,把图书馆作为自己最亲密的伴侣。德国大诗人歌德曾经说过:"读一本好书,就是和许多高尚的人谈话。"高尔基更进一步地说:"书籍是人类进步的阶梯。"加里宁也说:"可以大胆地说,阅读报刊这东西,对于千百万人说来,几乎和吃饭一样的必不可少。"古今中外,有不少实例说明:人们只要善于使用图书资料,就容易成长为社会有用之材,为国家、为民族,乃至为人类作出贡献。

我国东汉时代伟大的思想家王充,二十岁左右时在京师洛阳的太学(当时全国的最高学府)读书。因为王充读书读得很多,太学里所藏的书籍差不多都被他读遍了。于是,他就在课余时间,常常到洛阳街上去逛书铺,寻找各种各样的新书。但是,王充家境贫穷,上太学都是靠乡里出钱保送的,自然买不起书,只好站在书铺里阅读。王充读书时十分专心,往往读过一遍就能背诵。有时候,他碰上了一部篇幅较长的新书,就会在书铺里整整站上一天,忘记了吃饭和休息,一直要等到把全书读完以后,才心满意足地离开。王充晚年时,为了写《论衡》这部书,搜集到的材料堆积了好几间屋子。他运用这么多丰富的材料,夜以继日地勤奋写作,一连工作了好几年,最后终于写成了一部有八十五篇二十多万字的名著——《论衡》。

近代一些科学发明家的成长过程,也证明了图书馆里所保存的图书资料,在他们科学发明过程中的重大作用。

瑞典化学家舍勒,由于家庭贫困,十三岁起就到一家药房当学徒。当时,这家药房的药剂师包赫不仅有设备相当齐全的实验室,而且还有藏书相当丰富的图书室。舍勒在包赫的帮助下,利用空闲时间废寝忘食地进行学习,把图书室里所藏的化学名著,都进行了深入的研究和学习,并在实验室中进行科学实验。后来,他终于成为一个有名的化学家。

英国物理学家和气象学家道尔顿,从十五岁起,连续十几年在图书馆里进行刻苦的学习。他在一位盲人学者的帮助下,利用工余时间自修数学、哲学和希腊、拉丁等文字。他自己就曾说过,他所取得的成就和从图书馆里获得的知识是分不开的。

我国著名数学家陈景润也是如此。他早在福州英华中学读书的时期，就和图书馆交了朋友。他不仅认真学习规定的功课，而且大量自学课外参考书，向高一级知识领域顽强进军。有时一本很厚的参考书，没多久就看完了，而且看得很认真。他母校的图书馆留下了历史的见证。这所老学校存书比较丰富，有几万册图书，陈景润把它当作一个知识的宝库，经常到这里来。二、三十年过去了，学校的图书散失了不少，但在图书馆里，今天仍然保存着许多有陈景润借阅过的书籍，如：大学丛书《微积分学》、《〔美〕达夫物理学》、〔美〕哈佛大学讲义《高等代数引论》，以及《郝克士大代数学》、《密尔根盖尔物理学》和《实用力学》等。借书记录卡表明，像《微积分学》一书，他还先后借过两次，可见他是下了功夫钻研的。

我国优秀的青年化学工作者、中国科技大学副教授温元凯，今年才三十三岁，已发表了三十多篇论文，有十四篇被美国报导了。他和别人合搞的化学研究成果，获得了全国科学大会和中国科学院的奖励。这样的成绩是怎样取得的？跟他从小刻苦读书学习是分不开的。温元凯从小爱科学，可是他家经济困难，没有钱买课外书，他就到附近一个小图书馆帮忙干点活，这下，不愁没书看了。有一本科学幻想小说《银河探险记》，很快把他吸引住了。从此，他更喜欢图书馆，喜欢读书了。不久，又有一个故事，深深地打动了他。在第一次世界大战前，炸药是用硝石做原料的。德国不产硝石，要从遥远的南美洲的智利运进。在世界大战中，英国舰队封锁了海洋，人们满以为德国再也造不出炸药了。不料，德国的炮火越打越猛，这是怎么回事？原来，德国有个化学家叫哈伯，用空气、水和煤合成硝铵，用它做制造炸药的原料。读到这里，小温禁不住拍手叫好："化学的作用真大啊！"从此，小温爱上了化学，《元素的故事》成了他最爱读的书。每种元素的发现，对他来说，真像侦探故事一样惊险有趣。可是，没有一种元素是中国人发现的。难道中国人不如外国人吗？他下决心：长大了要当个出色的化学家，为祖国争光。从中学时代起，温元凯就兴致勃勃地钻研化学。他经常去上海图书馆，查阅二十年的《化学世界》杂志，参考书刊资料，搞化学实验……现在，在辛勤汗水的浇灌下，温元凯理想的花朵终于开放了。

综观历史几千年人才成长的一般规律，我们可以看到他们都离不开继承前人的研究成果，都离不开书本资料，都离不开图书馆。由此可见，图书馆确实是培养人才的重要基地之一，它在人的心理发展和人才成长中的作用是巨大的。

自学深造的场所

图书馆是通过图书资料来传播科学文化知识的。对于广大群众来说，它是自学和深造的场所，是终身学习的地方。每一个图书馆，特别是公共图书馆，都是一所人民的社会大学。

半个多世纪以前，李大钊同志就说过："现在的图书馆已经不是藏书的地方，而为教育的机关。"指明了图书馆教育的特性。伟大导师列宁，也认为图书馆在文化教育上具有重要的意义。由于他把图书馆当作一种提高人民教育和文化的重要工具，图书馆可以成为全国最普及、仅次于学校的文化教育机关，可以成为社会主义教育的支柱。据娜·康·克鲁普斯卡娅介绍，列宁认为："图书馆和农村图书室，将在长时期里是对群众进行政治教育的主要场所和几乎是唯一的机关。"事实上，有许许多多青少年，通过在图书馆里多年的自学自修的生活，如饥似渴地吸吮着知识的甘露，在各方面进步很快，有的读者还取得了惊人的成绩。

在天津市人民图书馆的读者中，有一位叫苏阿芒的读者（即苏承宗），他从十几岁就经常到这个图书馆来读书。他喜欢外语，又酷爱文学艺术。中学时期,他常常是一头扎进书堆儿,遨游在文学的海洋里,汲取着丰富的营养。苏阿芒高中毕业后,没能进入大学深造。于是,他把图书馆当作大学,更加勤奋地攻读文学,学习外语。经过多年的自学,他终于取得了惊人的成绩。他不但能够自如地运用世界语、意、英、德、法、俄语,还学会了西班牙、瑞典、波兰、捷克、葡萄牙、丹麦、挪威等十几国文字,并且用世界语写作,向国外介绍我国的文化艺术。从1957年,苏阿芒二十一岁开始,直到"文化大革命"中的1968年初,他的许多作品在世界五大洲的近四十个国家,用二十多种文字刊登过。有关部门统计,"仅从1962年到1965年四年,国外的十八种刊物上,刊登过苏阿芒的八十多篇(首)作品"。1965年,日本《大本教世界语杂志》举办赛诗大会,苏阿芒应约以投稿的形式参加了比赛。比赛的结果,十五个人获奖,其中唯一的中国人就是苏阿芒。年轻的苏阿芒以他的辛勤劳动,为社会主义祖国争得了荣誉。苏阿芒现在是百花文艺出版社的编辑、天津市世界语学会的理事,他被国外文坛誉为东方文艺领域中的一颗新星。

苏阿芒的经验证明,图书馆是学校课堂教学的伸延、扩展和深入。像苏阿芒这样的读者,在各类型图书馆里都有。他们珍惜时间,利用图书馆的藏书,学习、深造,耕耘心田,育己成才。图书馆工作者也都热情地接待他们,帮助他们选书,辅导他们阅读,被广大读者称为"校外老师"。

有不少读者是通过借阅图书馆的图书资料,认真学习钻研而考上大学、考上研究生的。他们临行前,亲自到这里向给了他们知识的图书馆,向热情帮助过他们的管理员告别。天津无线电十三厂青年工人周善有,坚持八年在图书馆读书,刻苦攻读电子技术,和工人们一起,先后为厂里试制生产可控硅整流器、硅整流器和台式电子计算机做出贡献。1978年,他考取了中国科技大学研究生院的自动化与逻辑网络专业。周善有临行前,特意赶到市图书馆,

10

他感慨地说:"八年的实践使我深深体会到,图书馆工作对科技人员的生产、科研有着十分重要的意义。我的工作中的每一点成绩,都包含着图书管理员的一份辛劳,我要向他们学习,向他们致敬。"

北京图书馆的工作人员,曾走访了八省市数学竞赛第二名严勇和第四十九名赵枫同学。参加竞赛前,他俩曾在北京图书馆阅读了大量数学等基础读物,感到阅读这些读物对巩固所学的高中课程,弄通学习中的难点、薄弱环节帮助很大,还扩大充实了知识面。他俩说:"这次数学竞赛主要考核基本概念的运用和解题能力。如果不是在图书馆看了那些参考书和接触许多习题,仅依靠课堂学习,要参加竞赛并取得成绩是不可能的。"

去年,一位二十五岁的解放军炮兵战士张志欣创作了一部二十四万字的长篇小说《最初的炮声》。他在创作这部小说前,做了充分准备,其中就包括了利用图书馆,借阅了许多中外名著,并到陕、甘、宁等地的许多图书馆查阅了大量历史资料,积累了丰富的创作素材。

许许多多的读者,利用图书馆勤奋读书学习,从事科学研究。他们在生活中离不开图书馆,和图书馆建立了深厚的友情。这些事例本身,不仅说明了读者中的大多数同志治学精神严肃认真,也充分说明了图书馆确实是自学深造的场所,是人们终身学习的地方。

攻克科学城堡的战场

大家知道,搞科学研究,搞技术革新,都离不开图书馆,离不开科技资料。在图书馆里,广大读者不仅得到了知识的力量,也得到了精神的鼓舞,增强了向四个现代化进军的信心。实现四化,关键在于科学技术现代化。搞科学研究,图书情报工作是"先行官"。近年来,在国际上比较盛行的看法,把图书资料看作是一种"国家资源",是无形的财富,它同材料、能源一样,是科学技术三大支柱之一。许多生产、科研人员通过利用图书馆收藏的大量图书资料,解决了生产关键问题,攻破了科研难关,为国家作出了卓越的贡献。

在天津市人民图书馆召开的一次读者座谈会上,有几位工程技术人员,向图书馆报告了他们利用图书馆从事生产、科研的情况,充分说明了,图书馆是攻克科学城堡的战场,它在四化建设中起到了积极的作用。

天津畜产进出口公司地毯厂工程师王锡德,是人民图书馆的老读者,他经常利用图书馆搞科研。他们厂出口的地毯,要求质量高、光泽好、色彩鲜艳,因此必须经过水洗才可出口。水洗地毯工艺比较落后,工人劳动强度大,操作时间长,生产效率低,所以造成大批积压,完不成出口任务。为此,上级公司和厂领导都很着急。但是,由于半个多世纪以来,都是这么干,虽然经过一再采取突击措施,改上两班,加班加点等,效果还是不大。待洗的地毯半成品却越积压越多。为了增加出口,换取外汇,厂领导把解决洗毯的任务交给了王工程师。老王原来是学染的,对这个问题也束手无策。但是多年的经验告诉他,图书馆是个万有宝库,这里有国内外的文稿、专利、特许等许许多多科技资料和工具书。遇到问题可以求教图书馆。他接受任务后,首先来到图书馆文献检索室,在图书馆工作人员帮助下,查到了国外有一种化学水洗地毯的方法。回厂经过试验,这种方法的效果很好;劳动生产率提高四倍多。原来需要四年多才能洗完二百多万平方英尺地毯,现在只用九个月就洗完了。他们厂算了七笔节约账,共为国家节约三百八十五万多元,还提前换回五百四十多万元外汇。

在读者座谈会上,天津市油漆厂工程师曲友发也谈到了利用图书馆攻关的效果。他说："我们厂在人民图书馆等有关部门帮助下,试制成功了新型膏状物喷雾干燥设备,使我国在这方面填补了一项空白。人民图书馆科技部的同志,为了主动向我们提供资料,曾先后在馆内,在北京、上海、重庆、成都、长春等地找到所需资料八十多篇,这些资料对我们搞科研来说,真是无价之宝!"

天津市建筑仪器厂技术员刘楚翘在座谈会上介绍了他们利用图书馆,参考图书资料,从事科学研究,终于完成半导体高温扩散炉和超声波检测仪的任务的体会。他深有感触地说:"我们在大学学的东西有限,图书馆员像学校的老师一样,我们科研任务的完成,是和图书馆的帮助分不开的。"

在新长征中,图书馆既是供应"粮草"的后勤部,又是帮助有关科研部门掌握国内外科技进展情况,确定"主攻方向"的参谋部。试想,当今哪一个有发明创造的科学家,哪一个知识渊博的学者,离开过图书馆?如我国的大科学家郭沫若、竺可桢,英国科学家李约瑟、法国汉学家窦丹等,都曾向北京图书馆提过问题并得到协助和解答。著名数学家陈景润更是北京图书馆的经常读者,他还委托过北京图书馆向国外征集数学期刊。更有不少科技情报员、工程技术人员,经常到图书馆"上班",搜集情报资料,潜心科研,著书立说。静静的图书馆并不平静,不畏艰险的四化先头部队,在这里集聚,在这里攻关,在这里向科学城堡发动了猛烈的进攻!

星罗棋布的图书馆网

在我国,图书馆几乎像学校一样,星罗棋布,遍布城乡。图书馆分各种不同类型的图书馆,如公共图书馆、学校图书馆、科学图书馆、专业图书馆、技术图书馆、工会图书馆、部队图书馆、儿童图书馆、街道图书站和农村图书室等。这些图书馆因具体任务不同，藏书也有差异，服务对象也不尽相同。

为了方便大家利用图书馆，我们把各种类型图书馆的基本情况作一个简单地介绍。

我们先来谈谈公共图书馆。这是面向社会大众开放的图书馆。解放后，我国公共图书馆有较快的发展，初步形成了一个从上到下的公共图书馆系统。公共图书馆是按行政区划建立的，属各地文化部门领导。我国的国家图书馆；省、市、自治区图书馆；区、县（市）图书馆和文化馆内的图书室都属于公共图书馆系统。

北京图书馆是我国唯一的国家图书馆，它不仅是国内出版物的收藏中心，而且收藏有包括115个文种的、丰富的外国文献，还有许多珍贵的特藏。北京图书馆根据国家经济建设和生产、科研的需要，十分重视扩大中外文科技书刊的收藏。它通过馆际互借、文献复制、书目索引、解答咨询和馆内流通阅览等方式，满足专家、学者、工程技术人员，以及广大读者对图书资料的需要。

当前，根据社会主义四个现代化建设的需要，北京图书馆的主要任务是：全面入藏国内出版的书刊资料，有选择地、有重点地入藏国外书刊资料，起到国家书库的作用；努力为社会主义现代化建设、为提高整个中华民族的科学文化水平提供书刊资料；积极促进图书馆网的建立；促进国际图书馆界的交往。主要服务对象是中央党政军领导机关、科研部门和重点建设单位。

在公共图书馆系统中，还有一支骨干力量，那就是各省、市、自治区图书馆。它是各省、市、自治区范围内的藏书、目录组织及业务研究和交流的中心。这种省级图书馆，藏书在100万册以上的有20多所，有些馆已超过200万册。藏书是综合性的，一般都拥有地方文献特藏。省级图书馆担负着为科研和为广大群众服务的双重任务，但以科研服务为重点。其主要服务对象是省、市、自治区党政领导机关和科研、生产部门，文化教育部门，也积极主动地

14

为一般群众和青年学生服务。

公共图书馆中,数量最大的要数市、县(区)图书馆了。这类图书馆收藏有切合广大工人、城镇农民、居民实际文化水平的通俗的社会科学、自然科学读物和文艺作品,也收藏一些适合中等文化水平的科技图书和革命导师的经典著作。

市、县(区)图书馆在开展馆内书刊借阅的同时,还花较多的力量到基层开办借书站和流通点,把书送到农村,送到基层,并积极协助和辅导工厂、农村、学校、街道建立图书馆(室)。

我们再来谈谈高等院校图书馆。大家知道,高校图书馆是为教学和科研服务的重要机构。一般高校图书馆都有相当的规模,在现有900多所高校图书馆中,藏书超过100万册的为数不少。藏书质量也较高。收藏范围密切结合该校所设的系、科、专业,并且比较系统和完整。教学用书的入藏比例较大,基本上可以满足同一时期较多读者集中用书的需要。一般高校图书馆很重视外文书刊的收藏,所以馆藏图书资料可以反映出世界上最新的学术水平。在业务工作方面,一般说来都较细、较深。图书馆各项服务工作的开展,使得师生能够比较方便地获取图书资料。在四化建设中,高校图书馆在为培养德智体美全面发展、又红又专的社会主义现代化建设的专门人才服务方面,在为教学和科学研究服务方面,都取得了很大的成绩。

现在,我们再简单介绍一下科学和专业图书馆。这类图书馆包括中国科学院、中国社会科学院系统及各研究所的图书馆、政府部门及其所属研究院(所)图书馆、大型厂矿企业的技术图书馆,以及一些专科性的图书馆。科学和专业图书馆是我国图书馆事业的一个重要组成部分,是为科研和生产服务的重要部门。它的图书情报工作本身就是科学研究工作的一部分。

科学和专业图书馆在规模上有大中小的不同,在藏书范围上也有综合性和专科性的区别。但从类型上考察,它们也具有一些共同的特点。如，中国科学院及分院图书馆藏书具有综合性，其它大多数图书馆的藏书都反映出具有学科专业性的特点。一般藏书数量不大，但学科内容比较专深。学科的基本理论著作，是以最新科学著作为收藏的重点。所藏国外文献占有相当大的比重，其中又以国外期刊为重点，一般都十分重视国内外情报资料的搜集。这类图书馆的读者对象，主要是科研和工程技术人员。此外，在图书馆业务活动中比较重视情报资料的收集、加工、分析、报道、检索和提供，并积累了一些经验和科学的方法。工作人员多数具有比较广博的专业知识和一定的外文水平，是科研人员的好助手。

最后，再向大家介绍一下其它类型的图书馆：

工会图书馆。它是工会组织举办的群众文化事业。如工会俱乐部图书室、工人文化宫图书馆、工厂图书馆等。它是广大职工学政治、学文化和学科学技术知识的重要场所。它对于提高广大职工的思想、文化和科技知识水平起着重要的作用。

1955年7月，中华全国总工会为了加强工会图书馆工作，在北京召开了全国第一次工会图书馆工作会议，讨论了工会图书馆的方针和任务。根据当时的具体情况，确定工会图书馆应在国家文化事业的总方针指导下，适应工作的要求，贯彻"面向基层，为生产服务，为群众服务"的方针，规定了工会图书馆的基本任务是："利用图书报刊帮助职工学习马克思列宁主义，向职工进行时事政策教育，并帮助职工获得科学技术、文学艺术等方面的知识，提高职工的政治、文化技术水平，以教育和帮助职工积极地参加国家的社会主义建设事业，同时，还应利用图书报刊为职工家属服务。"

少年儿童图书馆。这是我国图书馆事业的一个组成部分，是对少年儿童进行社会教育的重要场所。办好少年儿童图书馆，积极开展以指导阅读为中心的各种有益活动，对于少年儿童的道德培养和知识教育、促进少年儿童健康成长，具有重要意义。多年来,各级文化、教育部门和共青团组织,对广大少年儿童的课外阅读没有给予足够的重视,少年儿童图书馆事业发展缓慢。十年浩劫中,少年儿童图书馆工作又遭到严重破坏。目前,全国只有七个城市设有少年儿童图书馆,公共图书馆设有少年儿童阅览室的寥寥可数,中、小学图书馆也很不健全,有相当一部分还没有对学生开放;各地少年宫和少年之家的图书阅览活动也没有很好地开展起来。总之,全国两亿少年儿童的图书阅读,是一个急待解决的大问题。

街道图书馆。这是直接为城市居民服务的民办图书馆,是解放后发展起来的基层图书馆的一个类型。街道图书馆的读者对象包括退休职工、知识青年、青年学生和少年儿童,以及在职干部和工人等。一般的街道图书馆藏书几千册,多的一、二万册,但读者很多,他们看书学习的要求十分强烈。办好街道图书馆,满足广大居民读者学习的迫切愿望,对于宣传马列主义、毛泽东思想,用社会主义思想文化占领业余阅读阵地,提高广大居民群众,特别是青少年的思想政治觉悟和科学文化水平都具有重大的意义。

农村图书馆(室)。在农村社队办图书馆(室)是解放后的新事物。党和政府重视农村图书馆事业的发展。1956年党中央公布的《1956－1967年全国农业发展纲要(草案)》中就规划了包括图书室在内的农村文化事业的发展。据1958年的统计,当时全国农村人民公社办的图书室数量之多,是十分惊人的。但这批图书室能够长期巩固下来的为数不多。在新的历史时期,为了提高广大农民的科学文化水平,实现农业的现代化,农村图书馆(室)必将得到进一步的巩固和发展。

亲爱的读者,你看,图书馆的类型是这样多,数量是成千上万,星罗棋布。但是,每一所图书馆都不是孤立的。图书馆与图书馆之间,是兄弟关系,彼此联系密切,就像一个庞大的家庭。现在,我国有许多地区图书馆(室)比较普及,有的已初步形成城乡图书馆网。馆际之间开展协作活动,努力为读者服务。尽管每一个馆都有自己的读者对象,但是,只要你有急需,通过一定的手续也可以得到其它图书馆的帮助。换一句话说,你在生产、科研、教学中遇到疑难问题,急需参考图书资料,你不仅可以利用你单位的图书馆和你所在地区的公共图书馆,而且还可以通过一定的手续利用其它图书馆的藏书。

总之,我国的图书馆事业,在解放以后,已经从为少数人掌握、利用的藏书楼状态,转变成为深受人民群众欢迎的社会教育中的重要场所。图书馆,作为人民的社会大学,在培养人才、配合生产、科学研究服务中发挥了巨大作用。在向四化进军的今天,她盛情欢迎人们到这里读书学习、潜心科研。她将把知识奉献给不畏艰难险阻,努力攀登科学高峰、建设精神文明和物质文明的勇士们!

第二章　漫话图书馆藏书

谈到图书馆藏书,我们不禁想起俄国诗人杜勃罗留波夫的一首诗。诗人写道:

啊！我是多么希望拥有这样的才能,

在一天之中把这个图书馆里的书都读完。

啊！我是多么希望具有巨大的记忆力,

要使一切我所读过的东西,终生都不遗忘。

啊！我是多么希望拥有这样的财富,

能够替自己买下这里所有的书籍。

啊！我是多么希望赋有这样巨大的智慧,

要把书中所写的一切东西都能传达给别人。

啊！我是多么希望自己也能变成这样聪明,

使我也能写出同样的作品⋯⋯

毫无疑问,诗人的读书兴趣是异常浓厚的。然而,诗人的"希望"终究是希望而已,是很难成为现实的。因为,图书馆的藏书,特别是大型图书馆的藏书异常丰富,是一笔巨大无比的财富。几十万册乃至几百万册的书库,像浩瀚的大海,像茂密的森林。你纵然是一位长命百岁的读者,一辈子也很难把图书馆的藏书全部读完。

浩瀚的书海

如果你有机会参观图书馆的书库，你一定会感到大开眼界，增长不少知识。平常我们都以为图书馆只是专门收藏书籍和报纸、期刊的。实际上，凡一切与文化有关的地图、碑帖、档案、乐谱、照片、缩微复制品、磁带、磁盘、视听资料等等都是它搜集的对象。

北京图书馆是我国历史悠久、规模最大的文化宝库，是当今世界著名的公共图书馆之一。据1979年底的统计，北京图书馆共拥有藏书一千多万册。一般省、市图书馆藏书均在百万册以上。当然，全国图书馆事业藏书的兴盛不仅仅表现在拥有上百万册书刊的大型公共图书馆，更重要的是各地高等院校图书馆、科学图书馆，以及区、县图书馆和工厂、农村、机关、街道、中小学等成千上万所基层图书馆的大量藏书。每当我们走进图书馆，我们就像跃入茫茫的书海，感到需要阅读的书太多了，需要学习的知识太多了！

图书馆的丰富典藏，按出版物的性质和形式划分，种类繁多，应有尽有。按藏书的内容来说，包括有国内外各门学科的图书资料，其中有祖国的文化遗产和国外最新的科学成就；马克思列宁主义、毛泽东思想和社会科学；历史科学和考古学；自然科学和技术科学；文学和艺术等方面的书籍与刊物。

在大型公共图书馆、科学图书馆和高等学校图书馆，还十分注意通过各种渠道，大力收藏特种文献资料。这一类型的出版物有科技报告、政府出版物、会议文献、专利文献、技术标准、学位论文、产品样本等。

特种文献资料的内容广泛新颖、类型复杂多样，有的公开发表，有的内部印行。它从不同角度反映当前科学技术的发明创造、最新水平和发展动向，对于生产和科学研究有十分重要的参考价值。这类文献资料,对于经常利用图书馆的中、老年工程技术人员和科研工作者来说是比较熟悉的,而对一些年轻的同志来说则比较生疏。因此,我们想简单地介绍一下。

特种文献资料包括以下几种:

1. 科技报告

这类文献资料,也称研究报告。它是研究课题进展情况的实际记录,反映各阶段的研究成果和最后的总结报告。它包括技术备忘录、技术报告书等。这类文献出版物,不同于一般的图书,也不同于一般的科技期刊。它所报道的科研成果要比期刊论文快得多,它的内容专深且具体。由于它的保密性、时间性和内容高度专门化等特点,因此,它采取一个报告单独成一册的办法,每件报告有机构名称,统一编号。

2. 政府出版物

这是各国政府部门及其专门机构,根据国家的命令出版的文件。它大致包括行政性文件(如法令、条约、统计等)和科技文献(如研究报告、技术政策等)两大类。它们在未列入政府出版物之前,有些已出版过,也有的是初次发表。政府出版物对了解各国政治、经济、科学技术情况,是一种重要的资料。

3. 会议文献

这是指国际性、地区性或某一国家的学术会议文献。它是交流学术、传播情报的最新进展的资料。它们大多是在会议上宣读的论文、报告汇编。这些论文、报告往往以会议录的形式出版,能反映科学技术的最新成就和发展趋势,是科研人员的重要参考资料。

4. 专利文献

主要是指专利说明书,即发明人向政府申请专利的发明创造说明文件。在说明书中,常常论述其发明解决了什么特殊问题,解决的方法和实例,对旧有产品的改进及其用途等。专利说明书是一种重要的科技情报来源。

5. 技术标准

它主要是对工农业产品、工程建设质量规格及其检验方法等所做的技术规定。每一件技术标准都是独立完整的资料。技术标准的新陈代谢较频繁,它随着经济条件和技术水平改变不断修订,它作为一种规章性的技术文献,具有一定的法律约束力。

6. 学位论文

这是国内外高等学校学生、研究生为了获得学位而撰写的论文。学位论文大多数是经过一定审查的原始研究成果,一般不出版,但可供应复制品。论文包括自然科学和社会科学两大类,一般篇幅较长,其实验方法、设备和数据较全,探讨的问题较专,质量参差不齐。其中不少论文具有独创见解,是重要的学术性文献资料,对研究工作有一定参考价值。

7. 产品样本

又称产品说明书,是对定型产品的性能、构造原理、用途、使用方法及产品规格所作的说明,包括单项产品的样本,企业产品一览等等。由于它代表已投产的产品,在技术上比较成熟,数据比较可靠,并有较多的外观照片、结构图,直观性强,便于选型、仿制,供设计新产品及选购、维修等参考。

图书馆有各种不同的类型,由于它们的性质任务不同,服务对象不同,因而收藏书刊资料的范围和重点都有不同的特点。如北京图书馆,是我国的国家图书馆,它的藏书要求"国内求全,国外求精",就是说,国内的书刊资料要全面、系统入藏,国外的书刊资料,要结合我国的实际需要有选择、有重点的入藏;省、市公共图书馆同时担负为科学研究和广大群众服务的任务,它除了兼收内容广泛、综合、基础方面的古今中外的书刊以外,还要收藏有关发展本地区国民经济和科学文化教育方面的书刊资料;区、县公共图书馆,主要担负着为广大群众的思想教育和普及科学文化服务的任务,它收藏的是综合性、现实性、推荐性、通俗性的书刊;而高等学校图书馆,则主要服务于学校的教学和科学研究,收藏的重点是适合专业需要的中外教学参考书刊和科学情报资料;科学院系统的研究所图书馆,它的藏书内容专深,专业性强,外文书刊资料比重大,与大众性的基层图书馆(室)的藏书是截然不同的。

珍贵的文献

在浩如烟海的图书馆藏书中,有许多珍贵的文献。这是一笔巨大的精神财富,是我们研究人类社会的重要资料。

北京图书馆珍藏有许多名贵版本,如:

马克思给家属的信札手迹和《资本论》1867 年德文版本、1875 年法文版本、1887 年英文版本;恩格斯《家庭、私有制及国家的起源》1884 年法文版本;列宁《怎么办》1902 年俄文版本和 1905 年在日内瓦出版的《前进报》;毛泽东主席著作《新民主主义论》的木刻本;周恩来总理在巴黎共产主义小组时主编的《少年》;以及革命根据地、解放区出版的革命文献等。

北京图书馆在 1954 年建立了手稿专藏,收藏了许多著作家、学者的手稿,其中包括章太炎、王国维、鲁迅、郭沫若、闻一多、茅盾、老舍、巴金、臧克家、周立波、曹禺等人的手稿，我国早期卓越的铁路工程师詹天佑的工程日记，以及留学生的学位论文多种。

北京图书馆还藏有中外舆图一万余幅以及很多珍贵的文物，如河南安阳出土的殷墟甲骨三千多片，西汉的竹简，汉熹平石经和魏三体石经的残石。此外，更有大量的古籍珍本。

目前，我国许多大型图书馆都收藏着祖国珍贵的善本书。其中除去古代重要的典籍外，还有很多罕见的中国古代医书、地方志和词典等类书籍。从这些善本书中，不但可以研究和总结祖国科学文化遗产，为科学研究服务，而且还可以为系统地研究中国印刷术的发展，校订和补充后来刻本的错误和遗漏，提供重要资料。

图书馆珍藏的宋、元、明时代的雕版印本，种类繁多，一些罕见的古老写本和佛经刻本，都是十分珍贵的。如《敦煌写经》，这是卷轴时代的写本。《赵城藏》也是很珍贵的藏经。《赵城藏》共存四千五百多卷，从雕版艺术来说，它是金代优秀的印本。刻本原藏山西赵城县广胜寺，故被称作《赵城藏》。

特别值得介绍的是《永乐大典》和《四库全书》，这是我国罕见的文献珍品。

《永乐大典》是我国在五百多年前（1403－1408年）编纂成的一部大百科全书。它是世界上最早和最大的一部百科全书。编纂《永乐大典》所根据的图书，从著作年代来讲，是从中国的远古到明朝初年；从收录的范围来讲，几乎包括了天文、地理、经书、史籍、工程、医药、文学、艺术、宗教等一切项目。其中保存了许多当时流传后来散失的书籍。《永乐大典》在1562年曾抄录副本，现在所见的《永乐大典》就是副本的一部分。正本不知在什么时候遗失了。北京图书馆现共藏《永乐大典》208册。据不完全的估计，《永乐大典》先后被帝国主义国家抢走或掠购的，至少在150本以上。1949年南京解放前夕，国民党反动派抢劫了大批珍贵图书运往台湾，其中就有《永乐大典》8册。

现在，我们再说说《四库全书》。这是在二百多年前清朝高宗乾隆时代编纂的我国最大的一部丛书。这部丛书包括了我国几千年来的重要文化典籍。在这部丛书内搜集了古代到清初的著作3,470种，分为经、史、子、集四大部分。搜集工作是从乾隆三十七年开始，直到乾隆五十三年（1772－1788年），经过十六年的长久岁月，才全部完成。

《四库全书》象《永乐大典》一样，也是全部用人工抄成。装帧非常精致，以四种颜色的丝绢来分装经、史、子、集四部书籍。当时共抄成七部分藏于北京大内的文渊阁、圆明园的文源阁、奉天行宫的文溯阁、热河避暑山庄的文津阁、扬州大观堂的文汇阁、镇江金山寺的文宗阁和杭州圣因寺的文澜阁。文汇、文宗两阁所藏的两部《四库全书》在太平天国革命运动中被烧毁，文源阁的一部则在第二次鸦片战争中被英法侵略军烧毁。现在只存四部。文澜阁的一部在太平天国革命时散失一半，后来补抄齐全，现藏于浙江省图书馆，文溯阁的一部现藏于辽宁省图书馆。文渊阁的一部在解放战争中被国民党劫运台湾。在北京图书馆内所藏的一部是在1915年从热河避暑山庄文津阁移来的。现在用来装书的书匣和书架都是乾隆时的旧物。北京图书馆所在地——文津街，就是为纪念这部书而命名的。

在图书馆里，还藏有大量的史书，如纪传体史书《史记》、《汉书》、《二十四史》等；编年体史书宋司马光《资治通鉴》、清毕沅《续资治通鉴》、清夏燮《明通鉴》等；纪事本末体史书如《通鉴纪事本末》、《宋史纪事本末》、《续通鉴纪事本末》、《明史纪事本末》、《清史纪事本末》等。此外，还有各种杂史、实录、档案、政书等史料。这些史书和史料都是我们研究历史的重要参考资料。

我国是一个文化悠久的大国，各县都编有县志。图书馆丰富的典藏中，地方志就占了一个很大的比重。在卷帙众多的地方志里，记载了有关气候、地理、地质、农业、手工业、水利、田赋、文学、艺术、少数民族、农民起义和各族人民反帝反封建斗争的大量资料，是我们研究历史、研究社会的一个材料宝库。

实际上，我国的许多大、中型图书馆都不同程度地收藏了珍贵的文献资料，同时又都有自己的藏书特点。例如，上海图书馆就收藏有不少珍贵的革命文献资料，如我国最早的《共产党宣言》中译本，毛泽东同志主编的《湘江评论》，周恩来同志主编的《觉悟》杂志以及我国早期工人运动、农民运动和妇女运动等革命历史文献资料。还有宋、元、明、清各朝代的精刻本、抄本、稿本等珍贵的民族文化遗产。如宋刻本《艺文类聚》、《杜工部集》等皆属海内孤本。稿本如顾祖禹的《读史方舆纪要》、严可均的亲笔手稿《全上古三代秦汉三国六朝文》等均系钜著。

南京图书馆相当完整地保存了清末四大藏书家之一的钱塘丁氏"八千卷楼"旧藏。古善本有唐写本、辽写经、宋方志、元散曲和大量明刻资料及明清抄本。馆藏中国地方志也是个特点，收藏地方志近五千种。在近代、现代文献资料的搜集中，也逐渐形成了以电子、轻纺、化工、机械等类图书为特点的藏书体系。

天津市人民图书馆藏有周恩来同志早期著作《警厅拘留记》、国内孤本嘉靖年间的《辽东志》和万历年间的《徐州志》、南宋爱国将领岳飞之孙岳柯所著《棠湖诗稿》，为国内仅有、清代李瑶编著的《(校补)金石例四种》，为道光年间出版的稀有泥活字版本。另外，诸多的地方志图书也是馆藏特点之一。

其它各省、市、自治区图书馆所收藏的许多珍贵文献资料，也有其各自的特色。

至于大学图书馆和科学专业图书馆，都不同程度地珍藏有一定价值的文献资料。例如，北京大学图书馆就收藏许多珍贵的革命文献，如毛泽东同志主编的《湘江评论》、《湖南自修大学创立宣言》等。北京师范大学图书馆收藏有比较完备的关于教学发展史方面的书刊资料，如清代以来的各种教科书数以万计，全国学校一览表及全国各地有关教育的报告,从 1909 年创刊号开始搜集得比较齐全的《教育杂志》等。又如中国科学院图书馆现藏书 450 万册,其中各学科的基本理论著作和最新科学著作是其收藏的重点。该馆除收藏国内版的科技书刊资料外,还拥有数量大、品种多的国外珍贵的图书和期刊,这些文献资料,对于了解、掌握国内外科学技术发展的动态和发展趋势,研究科学技术的新课题,都具有十分重要的参考价值。

总之,图书馆丰富多彩的藏书,犹如辽阔的知识海洋,又像急待开发的矿山宝藏。我们要想获得知识,除了亲身参加三大革命运动实践之外,就得拼命地读书学习。一句名言说得好,"书山有路勤为径,学海无涯苦作舟"。只要我们能像潜水员那样奋力潜入海底,象地质勘探队员那样置身深山旷谷,我们一定能夺得奇珍异宝。亲爱的读者,到图书馆去,在书林学海中纵情驰骋,通过刻苦努力,知识的涓涓细流,一定能够汇入我们的脑海之中。

知识的网络

图书馆收藏的图书资料,不但数量庞大,形式多种多样,内容丰富珍贵,而且涉及的知识门类非常广泛。上至天文,下至地理,大到宇宙星空,小到电子离子,无论是风土人情,还是科学技术,古今中外,无所不包。然而,展现在读者面前的图书馆藏书,并不是杂乱无章的书籍的堆积,而是经过图书馆工作者辛勤劳动后形成的一个有条理、有系统、有内在联系的知识的网络。

那么,图书馆藏书是怎样组成为一个有条理、有系统、有一定内在联系的知识的网络呢? 回答很简单:这是运用图书分类知识的结果。

俗话说:"物以类聚,人以群分。"这里所说的"类"和"群",指的就是那些相同的或相似的东西。我们所说的"类",就是一组在某一点上彼此相同的许多事物的总称。所谓"分类",就是把各种相同的东西与不同的东西区分开来。或者换句话说,"分类"意味着把相同的东西归为一类,同时,把不同的东西根据彼此相互的关系,联成一个系统。

图书分类就是按照图书的研究对象,内容性质,形式体裁和读者用途等,根据一定的方法,分门别类地把同类图书集中到一起,并把不同类的图书联系起来,进而把图书馆藏书组成为一个有条理,有系统,有一定内在联系的知识的网络,使读者可以方便地查找和利用图书馆的丰富藏书。

具体地说,图书馆藏书的分类,主要是依据图书分类的工具——图书分类表进行的。

图书分类表,也叫图书分类法,它是专供图书馆类分图书、组织藏书的工具,也是广大读者按知识门类查找图书资料的向导。由于这种工具能把内容庞杂,形式多样的各个门类的图书包罗进去,并且形成一个具有图书分类特点的知识的网络,因此,人们把它比喻为"知识地图"。在图书分类实践中,人们就是依照这种"知识地图"把图书馆藏书组成为有条理、有系统、有一定内在联系的"知识的网络"。对读者来说,掌握了"知识地图",就如同部队指战员获得了军事地图,为驾驭"战争"创造了良好的条件那样。

图书分类的工具——图书分类法,是在一定的哲学思想指导下,运用知识分类的原理,结合图书的特点,采用逻辑方法编制出来的。它是一种从总到分,从一般到具体,从低级到高级,从简单到复杂,层层划分,逐级展开的分门别类的号码检索体系。它的表现形式一般是由基本部类,基本大类,基本类表和详表逐级展开而成的。现在全国各类型图书馆普遍使用的是《中国图书馆图书分类法》(以下简称《中图法》)。

《中图法》的分类体系——五分法,是把图书资料所包括的知识内容,划分为"马克思主义、列宁主义、毛泽东思想"、"哲学"、"社会科学"、"自然科学"和"综合性图书"等五大基本部类。在五个基本部类的基础上,形成了由二十二个大类组成的体系序列:

马克思主义、列宁主义、毛泽东思想…A　马克思主义、列宁主义、毛泽东思想

哲学………………………………　B　哲学

社会科学…………………………　C　社会科学总论

　　　　　　　　　　　　　　　　D　政治、法律

　　　　　　　　　　　　　　　　E　军事

　　　　　　　　　　　　　　　　F　经济

　　　　　　　　　　　　　　　　G　文化、科学、教育、体育

　　　　　　　　　　　　　　　　H　语言、文字

　　　　　　　　　　　　　　　　I　文学

　　　　　　　　　　　　　　　　J　艺术

　　　　　　　　　　　　　　　　K　历史、地理

自然科学…………………………　N　自然科学总论

　　　　　　　　　　　　　　　　O　数理科学和化学

　　　　　　　　　　　　　　　　P　天文学、地球科学

　　　　　　　　　　　　　　　　Q　生物科学

　　　　　　　　　　　　　　　　R　医药、卫生

　　　　　　　　　　　　　　　　S　农业科学

　　　　　　　　　　　　　　　　T　工业技术

　　　　　　　　　　　　　　　　U　交通运输

　　　　　　　　　　　　　　　　V　航空、航天

　　　　　　　　　　　　　　　　X　环境科学

综合性图书………………………　Z　综合性图书

在上表的基础上,每个大类下根据图书的不同属性(内容的特征或形式的特征),划分为若干个基本类目。并且还可以根据一定的标准继续逐级划分成若干个小类。这样,一层一层地复分下去,便形成一个有条理、有系统、有一定内在联系的逐步展开的类目表。类目的体系就是通过无数个类目以及类目之间的关系,来表示概括图书属性的概念以及它们之间的同等性,次第性和部分对于总体的依存性。所以,运用图书分类法来揭示和序列图书,就大大有助于读者对各种图书资料的理解,也大大有助于读者对某一图书在知识总体系中位置的确定。比如,在《中国图书馆图书分类法》"数理科学和化学"类表中(见下表),读者可以看出:类目是根据它们之间的内在联系组织起来的,而不是根据类名的字顺或其它次序排列的,而且是用直线排列的形式来表示类与类之间的关系的。

O	数理科学和化学	一级类目
01	数学	二级类目
03	力学	二级类目
04	物理学	二级类目
041	理论物理学	三级类目
042	声学	三级类目
043	光学	三级类目
044	电磁学、电动力学	三级类目
045	无线电物理学	三级类目
06	化学	二级类目
061	无机化学	三级类目
062	有机化学	三级类目
063	高分子化学(高聚物)	三级类目
064	物理化学、化学物理学	三级类目
065	分析化学	三级类目

O653	无机分析	四级类目
O654	定性分析	五级类目
O654.1	半微量及微量 定性分析、显 微结晶分析	六级类目
O654.2	湿法分析	六级类目
O654.3	干法分析	六级类目
O654.9	其它分析	六级类目
O655	定量分析	五级类目
O656	有机分析	四级类目
O657	物理及物理化学 分析法	四级类目
O7	晶体学	二级类目

从上表中,读者还可以看到,在每个类目前面,都有一个符号。这个符号叫做分类号。犹如不同的姓名代表着不同的人一样,分类号是代表各个类目名称的标记符号,在实际运用中具有重要作用。

从上表中可以看出:左边的号码,代表右边的类目,如"数理科学和化学"是以"O"来代表的。"O4"是代表"物理学"的,所有分入这一类的书,无论书名是否相同,都用"O4"做标记,并依此来作为分类排架、即类求书和排列目录的根据。实际上,在图书分类工作中,除具体进行分类时要具体利用类目名称以确定一书的类属外,一旦类目确定时,类号就代替了一书的类别及其在分类体系中的位置。同时,要把这个号码书写在书的一定位置上,印制在分类目录卡片上,作为识别某一本书类别的标志。因此,读者在了解图书分类法时,除了解其分类体系结构外,还要十分注意熟悉它的标记符号——分类号,特别要重点熟悉自己所学习研究的学科及其相关的标记符号——分类号。如果熟悉了分类号,你只要看到

"A"就知道它代表"马克思主义、列宁主义、毛泽东思想"大类,看到"I",就知道它代表"文学","I 2"代表"中国文学","I 24"代表"中国小说","I 247.5"代表"中国建国后新体长篇、中篇小说"。如此等等。

上面简单介绍了图书分类法的体系结构和标记符号,使读者对组织图书馆藏书的工具有了粗浅的认识,从而可以了解图书馆藏书是如何组织的。

实践经验证明,门类繁多、数量庞大的图书馆藏书,采用图书分类这一科学方法加以组织排列,就能井井有条。展现在读者面前的将是按照知识分类的原理组织起来的知识的网络。读者步入这一知识的网络时,将会感到知识是那样丰富多彩,并为自己能自由地游弋于书的海洋之中而感到无限的欢乐。

第三章　图书馆的服务内容

我们要和图书馆交朋友，就得熟悉这个朋友，除了要了解图书馆的藏书情况外，还要了解图书馆是通过哪些工作来为读者服务的。那好，现在我们就来向你介绍一下图书馆究竟有哪些主要的服务内容。

外借服务

除规模较小的基层图书室外，一般的图书馆都设有图书外借处。这是供你借书、还书的地方。外借处也开展宣传图书、辅导阅读，解答读者一般咨询的工作。

不同类型的图书馆所设置的外借处，有不同种类，归纳起来，有以下几种：

一、普通外借处。向各种不同成分的读者，出借各类藏书。这里办理个人外借、集体外借和馆际互借手续。集体借书，一种是以单位的名义借书，另一种是小组借书。如公共图书馆组织的读者小组、书评小组，可以以小组名义向图书馆借书，工厂的车间班组和高等学校学生班组以及教研组，可以向厂、校图书馆办理小组借书。

二、专科外借处。按照大的知识门类分科设置的外借处。如有的省图书馆设置的社会科学书籍借书处、自然科学书籍借书处、文艺书籍借书处。

三、按文种区分的外借处。如有的大型图书馆,除设专科外借处外,还设置外文图书外借处,专门出借外文书籍。

四、为不同读者成分设置的外借处。如公共图书馆设立的少年儿童借书处、成人借书处、科研人员借书处等。高等学校图书馆设立的学生借书处、教师借书处等。

在外借服务中,为了方便读者,有的图书馆还开展预约借书、邮寄借书、馆际借书,以及国际借书等服务项目。假如你所需要的图书已被其他读者借走,那么你可以向管理员申请登记预约借书,等该书归还时,图书馆会通知你来馆取书;假如你有特殊原因,如因工作实在离不开身或病残不能到馆借书,可以用电话或写信申请邮寄借书,图书馆会满足你的要求,将你所需要的图书寄给你,有些服务工作搞得好的馆,甚至会派管理员把书送到你的单位或家里;假如你因生产、教学、科研急需图书资料,而在你经常利用的图书馆没有入藏这种图书时,图书馆还可以代你向其他图书馆借书,这种业务叫馆际借书。而国际借书,只有北京图书馆等少数大型图书馆才承担这项业务。其它城市的读者,如因科研需要,可通过本省市公共图书馆向北京图书馆申请国际借书。

阅览服务

这是图书馆为读者在馆内阅读书刊资料而开展的一项重要服务工作。阅览室是供读者阅读、自学、研究的场所。阅览室除具有适于读者进行阅读的设备和环境外,还设有辅助书库、书刊陈列架、书橱等,备有图书、期刊、书目、索引、文摘、工具书,以及其它不外借的书刊资料。一般的图书馆阅览室,实行闭架阅览。读者阅览书刊资料,须先查目录,填写索书条,然后把索书条交给管理员取书。有的馆实行半开架阅览,读者可以看到陈列的书刊,如要阅览,可凭证件向管理员索取。有的馆则从方便读者考虑,实行了开架阅览,读者可以自由选阅书刊。

各类型图书馆,根据读者需要和本馆的具体条件,设置各种各样的阅览室供读者使用。阅览室大体包括下列几种类型:

一、按知识门类划分的阅览室,是分科设置的阅览室。便于读者集中查找、阅览某些门类的书刊,也便于图书馆工作人员熟悉和管理藏书,开展读者服务工作。如马列主义、毛泽东思想研究室——陈列马恩列斯毛的著作以及有关著作、文献资料,参考工具书等;科学技术阅览室——陈列科技领域的书刊、文献资料。再如,哲学社会科学阅览室、文艺书刊阅览室等。

二、按读者对象划分的阅览室,是为了有区别地为不同类型读者服务而开辟的阅览室。如普通阅览室——供一般读者学习阅览,藏书是综合性的,选择内容较好,现实性较强的书刊及常用的工具书。也有的普通阅览室只陈列几份主要报纸,不陈列其它书刊,相当于读者自修室;科技人员阅览室——供科学工作者、工程技术人员、专家研究参考使用,陈列有较专门的科技书刊,文献资料以及科技文摘、索引、工具书等;儿童阅览室——选择少年儿童读物,供少年儿童读者阅览;教师阅览室——高等学校图书馆和有条件的中学图书馆一般设有教师阅览室,满足教师教学、科研需要;学生阅览室——高等学校图书馆或条件较好的中学图书馆,为满足学生自学或阅读教学参考书而设置的学生教学参考阅览室,或学生自修室;研究室、参考室——这是大型图书馆为专家、教授、高级研究人员专门设置的,根据研究课题需要,调配书刊资料,为研究工作顺利开展创造条件。

三、按藏书的类型(包括各种载体)划分的阅览室。将某一种类型的藏书集中在专门阅览室,供读者阅读参考,便于图书馆工作人员对藏书和设备进行专门管理、使用。如报刊阅览室——这是一般图书馆都有的,这里陈列着当月的报纸和最新的期刊供读者阅读,过期的报刊通过管理员也可以借阅;古籍善本阅览室——专门供读者在这里阅读古籍线装书和珍本书;缩微资料阅览室——包括缩微胶卷、缩微胶片、缩微卡片。阅读缩微品必须借助显微阅读器,同时还需要一定的室内条件。目前,这种阅览室在国内图书馆还很少见;视听资料阅览室——视听资料有三种类型:一种是视觉资料,包括幻灯片、无声影片,一种是听觉资料,包括录音带、唱片、磁带,一种是视、听觉资料,包括电影片、电视片、录音录像磁带等。视听资料使用的设备,有放映机、放大投影机、电视机、录音机、录像机、电唱收音机等。视听阅览室一般分集体视听室和个人视听室两种。国外大型图书馆设置视听资料阅览室较为普遍。随着科学技术的发展,视听资料及设备的增多,视听资料阅览室必将在我国图书馆界得到推广。

此外,按语言文字划分的阅览室,有外文科技阅览室、外文期刊阅览室、外国教材中心阅览室、少数民族语文书刊阅览室。当然,一个图书馆究竟设置哪些阅览室,是由实际情况决定的。

复 制 服 务

随着科学研究的深入,读者对书刊文献资料的需要日益增长。图书馆为了满足读者的需要,采取了一种新的服务手段——复制文献,很受读者欢迎。

图书馆收藏书刊资料的数量、品种、复本有限,同广大读者的需要之间经常出现供不应求的矛盾。科技工作者所需要的资料范围广、品种多、数量大,内容专深。有的借整本书,但更多则是从大量书刊中摘取片断文献,数据或论述。如果他们长时间地占用大量的书刊,必然会影响其他读者利用。而且,让他们经常到图书馆来翻阅或摘抄整本书或整套刊物,既不方便,又没必要。有些孤本书、丛书、珍贵的书刊不外借,也使读者感到很为难。在这种情况下,运用复制方法,从大量书刊中复印出所需要的片断文献资料,既方便了科技人员,满足了广大读者多方面的需要,又提高了书刊资料的利用率,也有效地保存了珍贵书刊,有利于长期使用。

复制服务,是图书馆今后要大力开展的一项业务。复制的方法,可归纳为五种:即光化学感应复制法,光电感应复制法,磁感应复制法,压力感应复制法,热辐射感应复制法等。其中比较好的复制方法,是光化学感应复制法中的缩微照像法和光电感应复制法中的静电复印法。缩微照像法,主要用于图书资料的保存和管理方面;静电复印法,主要用以满足读者需要和情报传递方面。这两种方法,在我国大型图书馆和情报部门已经较普遍地采用,而一般中、小型图书馆还没有使用。

馆外流通服务

图书馆除利用馆内活动阵地开展外借服务、阅览服务、复制服务以外,还采用建立图书流通站、派出图书流动车、送书上门等方式,在馆外开展书刊借阅活动,主动热情地为广大群众服务。这种方式,深入群众,密切了图书馆与读者的联系,方便了不能直接到馆利用书刊的群众,满足了广大读者工作、学习、研究、文化生活的一部分需要。

图书流通站多建立在工厂、农村社队、机关、城市居民点等人口集中的地方。图书馆挑选现实性强、有针对性的优秀书刊,采用定期更换的办法,开展阅览、外借活动。

利用图书流动车主动送书到馆外群众聚集的地方,也是开展馆外流通借阅活动的一种方式。国内外许多大型公共图书馆,都配备有专门的机动车。我国的许多区、县图书馆多用非机动车，作为馆外巡回流动书车。书车按预定的路线，根据一定的要求配备图书，定时定点送书，开展巡回借阅活动。

对一些偏远的农村、山区，多利用图书流动箱、图书流动包，送书服务，开展活动。

"送书上门"这种服务方式，主要用于重点单位、重点读者和重点科研项目。一些省、市、区、县公共图书馆对于重点研究项目，通过送书上门，进行定题服务，效果很好。

图书宣传

你如果经常去图书馆，你一定会知道，图书馆经常举办一些宣传图书的活动，如新书报导、书刊展览、报告会、书评等。这些活动不仅向我们宣传了图书馆的藏书，更重要的是可以开阔我们的视野。我们要利用图书馆，决不能忽视图书馆为我们举办的图书宣传活动，要积极参加这些有益的活动。我们会从这些活动中，学到我们所需要的新知识，受到启发，这对我们更好地利用图书馆从事学习和研究是颇有好处的。

图书馆介绍各类书刊资料的宣传工作包括以下几项内容：

一、新到书刊资料的宣传报导

这种宣传报导的形式很多，主要形式如新书展览、陈列，它的特点是及时、简便、直观，能够较快地向读者报导到馆的最新书刊；新书通报，是将新到馆的中外文图书资料的名称按照类别、文种，分别编排起来，印成书目，分发给有关单位或读者参考；报刊资料索引，是选择报刊上刊载的有关文章，将它们的篇名、作者、出处等著录下来，并按照一定的专题或类目编排起来，供读者查找；科技文摘,这是科技情报资料报导的主要形式。文摘是把某一学科或某一主题的重要文献,以简练的文字"浓缩"成摘要。它能使科技工作者用较少的时间和精力,掌握有关的文献及其基本内容,了解本专业的发展水平和最新成就。所以,图书馆编制的科技文摘,是研究人员不可缺少的重要工具;科技快报,根据实际需要,从文献资料中精选出有关的材料,加以编辑而成。科技快报的范围比较狭窄,大多数是供给领导或专业人员参考使用的。科技快报的特点是新、简、快;科技动态,这种报导形式与新闻相似,只报导科学技术的发展情况、消息,而不涉及具体内容。它主要是反映科学技术的现有水平和发展动向,为领导和计划部门制订规划,确定科研方向提供战略性情报。

二、马列主义经典著作的宣传

宣传马列主义经典著作常用的方式有:新到马列主义经典著作的陈列;马列主义经典著作各种版本的展览;介绍某一本经典著作的专著、注释、学习辅导材料,或举办报告会等。

三、科技书刊资料的宣传

图书馆为了适应提高全民族的科学文化水平和四化建设的需要,经常开展科技书刊资料的宣传活动。如编印专题书目、举办专题展览、专题报告会、文献检索工具使用方法的辅导报告等。其中专题展览对于宣传科技文献资料,配合学术性活动,具有特别重要的作用。

通过专题书刊展览可以使读者了解某一专题或某一方面的书刊资料,可以在较短的时间内集中地、直接地翻阅大量的书刊,并根据自己的需要予以选择。通过专题展览还可以较深入地了解某一专题的国内外的科学发展水平,当前的发展方向以及有关书刊的出版情况等。

专题展览的内容、性质、主题非常广泛。它可以告诉我们国内外科学技术新成就，也可以普及科学文化知识；它可以告诉我们某一类型的文献或某些检索工具的使用方法，也可以向我们揭示馆藏，报导文献资料的入藏情况。专题展览还可以配合党和国家的中心任务，重大的政治事件、重要的纪念日或名人诞辰，宣传有关的书刊资料。专题展览的规模有大有小，有的是全面论述一个重大的课题，包括几百种展品的大型展览；有的是简要地说明一个专题，包括十几本，几十本书的小型专题陈列。

四、文艺书籍的宣传

文艺书籍在读者的阅读中占有很大的比例，公共图书馆尤为突出。因此，一般的图书馆都很重视文艺作品的宣传介绍。在这方面，我们应该感谢那些热心的图书馆员，他们称得起是"建设精神文明的人"，是青少年读者的良师益友。图书馆员们在宣传文艺作品时，很注意耐心地吸引青少年读者去阅读有益于身心健康成长的优秀的文艺书刊，并引导、鼓励他们努力学习书中的英雄人物及其高尚的思想品质。图书馆员们也很注意辅导读者运用历史唯物主义的观点对作品，特别是对古代的或外国的文艺作品，进行鉴别和研究，帮助读者提高分析能力。

图书馆举办文艺图书宣传活动的方式很多，如故事会、朗诵会、文艺晚会；讲书中的故事，朗诵优秀作品的片断，或者把书中的故事、诗歌改编成小节目向读者进行宣传演出；举办书评报告会，围绕一本书或一组主题相同的文艺书籍，邀请有关的研究人员作报告，介绍、评价这些文艺书籍，或请作家与读者见面，请作家介绍他们的创作经过和体会，帮助读者理解作品；出刊评论文艺书籍的壁报、板报或刊物，如《书评园地》、《读者园地》、《图书馆与读者》、《图书馆通讯》、《书评》等，将读者写的评论文章、读书心得、读后感公开刊登，以便互相交流对图书的理解或认识；召开图书评论会或读书座谈会,通过评论或座谈,可以使读者互相启发,加深对图书内容的理解,提高认识和分析能力。总之,图书馆举办的这些活动,非常欢迎读者参加,读者能够有机会参加这些丰富多彩的活动,也会从这些活动中受到教育,得到启迪,获得知识。

阅读辅导

辅导读者阅读,是图书馆读者服务工作中的一项很重要的内容。为了做好这项工作,图书馆员们千方百计了解读者阅读动机、需要、兴趣和爱好,并且苦练基本功,努力熟悉藏书,熟悉图书馆的各种目录、书目索引以及其它检索工具,充分利用自己所掌握的图书馆业务知识来辅导读者、解答读者提示的一般性的咨询。辅导阅读工作包括以下一些内容:

一、辅导读者利用图书馆

无论是新到图书馆的读者,还是经常来馆的老读者,对于图书馆的情况都有不够了解的地方,尤其是新读者,一进图书馆如同走进大千世界,他急需有个向导。而图书馆员有责任帮助读者了解馆藏情况及其使用方法、使用规则,使读者获得利用图书馆各种书刊资料的知识和技能,了解各种文献资料的性能以及它们的使用方法;帮助读者学会利用图书馆的各种书目工具,掌握查找书刊资料的方法,并根据自己的需要,选择最恰当的书刊。同时,还要培养青少年读者的读书能力和读书习惯。

当你刚刚和图书馆建立联系的时候,如果你能遇到一位热情的图书馆员,他会耐心地向你介绍各种类型图书馆适用于哪些读者对象,能够解决什么问题;本地区内图书馆的分布和设置情况;向你介绍某些图书馆设有哪些借书处和阅览室,它们的性质和藏书特点,如何利用各借书处和阅览室的藏书;向你介绍图书馆的借书方法和借阅规则,包括:如何领取借书证或阅览证、开馆时间、借书册数、借书期限、借书手续、特种借书方法(如怎样办理预约借书、馆际互借、文献复制方法及规则)等等。为了帮助读者利用图书馆,馆员们还要向你介绍各种书刊资料的特点及其使用方法。如各种书籍、期刊、检索工具、缩微资料、视听资料的性质、特点、适用范围,以及它们的优缺点等,并对使用这些资料时应注意的事项给予具体的指导。

图书馆向读者介绍图书馆的使用方法,大多是采取个别辅导的方式,如针对读者提出的问题,口头回答,或与读者谈话。有时也采取集体辅导的方式,如举办讲座或报告会;有时印发介绍图书馆情况和各类书刊资料使用方法的小册子或出黑板报等。

二、辅导读者使用图书馆目录

图书馆目录是揭示馆藏书刊的工具,是反映馆藏的总索引。读者要想查阅图书馆的藏书,首先要学会查目录,所以辅导读者查阅目录是图书馆读者服务工作的一项经常的、重要的任务。因此,有的图书馆在目录室设查目辅导员,随时辅导读者查找目录,帮助读者解决在查目过程中遇到的困难。

三、辅导读者利用各种工具书

工具书是广泛搜集某一方面或某一范围的知识材料,按照一定的方式加以编排,供解决疑难问题或提供资料线索的一种书籍。工具书的种类繁多,如字典、词典、百科全书、年鉴、手册、书目索引、历表、年表、图谱等。工具书是学习和工作中不可缺少的助手。例如遇到不认识的字或不明白的词,就要借助字典、词典。要了解国际国内时事资料或统计材料,就要查阅年鉴、手册。开展科学研究、技术革新,要广泛地搜集材料,就要利用各种书目、索引、文摘等工具。青年学生、工人要自学,工具书是他们"不说话的老师"。所以,读者学会利用工具书,可以有效地提高学习和工作的效率。图书馆为了帮助读者学会使用工具书,往往采取举办工具书讲座、工具书展览、口头介绍或实际操作等多种方式,向读者介绍各种工具书的性质、特点、使用范围,以及它的编排、查找方法等。

四、辅导读者使用文摘、索引等二次文献资料

近代科学技术的飞跃发展,导致文献资料的急剧增长。文献资料的大量增加,使得人们对文献资料的交流与报导工作的需要日益迫切。为了便于查找有关的文献,各种专业的快报、目录、文摘、索引等就为适应社会的需要而产生了。快报、目录、文摘、索引等是在原始文献资料的基础上,根据客观需要,去粗取精而编辑成的二次文献。它们收录的文献资料较完整、类型齐全、专业面广、数量较多、报导迅速,正文编排清晰明确,既是向读者报导、通报文献资料的工具,也是图书馆、情报部门开展咨询服务的不可缺少的工具。这些检索工具是科技人员掌握文献资料线索、查找文献资料的一把钥匙。掌握了这把钥匙,就能使科研人员用较短的时间,检索到大量的、有用的文献资料,就能迅速地、准确地查到与自己的研究课题有关的国内外的科学技术发展水平、概况以及今后的动向等文献资料的线索。所以,图书馆很重视辅导读者学会使用各种科技文献检索刊物或工具。为此,大型图书馆除设置专门的文献检索工具阅览室,大量陈列、介绍、借阅这些二次文献资料外,还经常举办文献检索讲座,系统地向读者介绍各种检索工具的编辑特点、收录材料的范围、检索方法及其适用范围等。

五、读书指导

图书馆很重视开展读书指导工作。特别是帮助青少年读者"多读书,读好书"。为了向广大青少年读者推荐优秀的政治读

物、科学普及读物、反映技术革新、技术革命，以及最新的科学技术成就的书刊和优秀文学作品，一些公共图书馆为青少年读者编印推荐书目，帮助他们制定"读书计划"，辅导他们记读书笔记或写读书心得，有的图书馆还与共青团联合组织开展全区、全市性的"红旗读书运动"、"奔四化青年读书运动"。发现某些读者在阅读中存在的盲目性和不良的阅读倾向，图书馆员耐心地和读者谈心，辅导读者要有目的地读书学习，正确地理解图书的内容实质，提高读者鉴赏水平。这项服务内容深受广大干部群众的欢迎，不少青少年读者赞誉图书馆是："校外的好老师。"

解答咨询

开展参考咨询工作，解答读者咨询问题，是图书馆为读者服务的重要项目。大型图书馆，一般都设有专门的参考咨询部门，或配备专门的参考咨询人员开展这项工作。

广大读者在生产、科研、教学中，往往会遇到许多疑难问题，要求图书馆为他们提供有关的书刊资料，解答问题。图书馆也主动承担这项任务，主动地深入生产、科学研究或教学工作第一线，了解当前的中心任务以及科研、生产中的重点课题，并根据重点课题的需要，有针对性地提供有关书刊资料，供科研、生产单位参考。参考咨询工作是根据读者提出的问题，或图书馆主动了解来的生产或科研中的问题，利用各种书目、索引、文摘、工具书等，为读者查找并提供有关的文献资料或资料线索，帮助读者解决问题。

我们向图书馆提出咨询，可以亲自到图书馆向咨询部门提出，并填写咨询登记卡，也可以写信或电话咨询。

文献检索

任何一个从事科研的部门和研究人员,他们的研究活动,首先是从搜集、掌握、熟悉图书资料的工作开始的。掌握前人在这方面做了些什么工作,如何做的,达到了什么水平,还存在什么问题,以及相邻学科的发展对研究这项课题提供了什么新的有利条件等等。掌握的情报越多,则考虑问题越全面,思路越广。如果没有相当数量与质量的图书资料作参考,从中取得与己有关的情报、资料、数据,就有可能在研究工作中重复别人作过的观察、实验和设计,造成人力、物力、财力特别是时间的浪费。

为了避免或减少在科研工作中做重复的劳动,科研人员在查找文献上花费的时间是很惊人的。图书馆开展的文献检索服务工作,帮助了科研人员"广、快、精、准"地找到所需的科技文献,有力地促进了四化建设。

查找文献资料是科研的前期劳动,是图书馆为四化服务的重要方式。通过文献检索,可以使图书馆收藏的丰富的书刊资料得到充分的揭示和利用,大大节省读者查找文献的时间。还可以通过各种检索工具,扩大读者的视野,使读者迅速获得所需要的国内外有关的文献资料,摸清国内外科学技术的最新成就以及发展的水平、动向等,加速我国科学技术前进的步伐。

文献检索经历了手工检索、半机械化检索(为穿孔卡片)和电子计算机检索几个发展过程。目前,国内图书情报部门普遍采取手工检索服务方式。随着科学技术的发展,电子计算机检索将逐渐代替手工检索。从我国的实际情况出发,手工检索和机械检索,大概将在很长的时期内并行。

第四章　开启知识宝库的钥匙

钥匙是人们十分熟悉的物品。远自古代,小小的钥匙在人类生活中一直有着巨大的实用意义。小而至平民住宅,大而至于宫殿、城门,都要用钥匙启锁。久而久之,在人们的观念中,钥匙代表一种开放或通向某个禁区的权力,被赋予了神圣不可侵犯的色彩。被人们赞为知识宝库的图书馆,虽不是巨锁封闭的禁区,但不了解它的人却很难进入这个书的世界,更不能自由地游弋于那知识的海洋之中。不过,有经验的读者明白,要想进入那迷人的知识宝库,尽情享受那些人类宝贵的知识宝藏,也并不是想入非非的事情,只要手中掌握一把开启知识宝库的金钥匙——图书馆目录,就能如愿以偿。所以,对于每一个希望利用图书馆,并希望把图书馆藏书变成自己的一份精神财富的读者来说,牢牢地掌握图书馆目录这把金钥匙,其意义是十分明显的。为了帮助读者了解图书馆目录,进而利用图书馆目录,我们将在本章介绍一些有关图书馆目录的初步知识。

图书馆目录的作用

苏联著名的教育学家克鲁普斯卡娅认为,读者应该了解目录,否则他就不能利用图书馆。她指出:"应当创造条件。借着这些

46

条件的帮助来指导读书。重要的是在读者能够不必单纯依靠着图书馆员而能够自己了了解各种目录,自己选择他所需用的图书。"克鲁普斯卡娅的论述,充分说明了读者掌握图书馆目录的重要性。

事实上,图书馆目录作为记录藏书、报导藏书和检索藏书的检索工具,其作用是十分重要的。

首先,它有记录藏书的作用。图书馆目录和其它书目资料的根本区别,就在于它是一种登记性的目录,它所反映的书刊资料,都是图书馆的藏书。图书馆没有收藏的书刊资料,在图书馆目录中是不作反映的。因此,它具有登记图书的作用。通过图书馆目录,不仅可以向读者揭示图书馆藏书的内容,而且可以向读者反映图书馆藏书的数量。读者通过图书馆目录,就可以基本上了解一个图书馆藏书的概貌。

其次,它有报导藏书的作用。图书馆为了更好地完成本身担负的重要任务,做好为读者服务的工作,往往通过编制各种目录来宣传推荐图书,指导读者阅读,帮助读者查找并挑选所需书刊资料。例如,图书馆经常编制的特藏书目和各种专题推荐书目,新书通报和读书计划,就是属于这种类型的目录。这类目录所反映的书刊资料,一般都是经过精心挑选的,读者通过利用这类目录,不仅可以了解特定内容的藏书情况,而且可以"即类求书,因书究学"。

第三,它有检索藏书的作用。图书馆收藏的各类型书刊资料,就像千千万万素不相识的良师益友。他们之中,有科学家、思想家、革命家和文艺家等等。要找到他们,就有赖于向导的指引。图书馆目录就是读者的可靠向导。它作为一种检索工具,不但可以告诉读者图书馆收藏了哪些书刊资料,而且可以通过提供书名、分类、著者和主题等目录,反映馆藏图书在内容和形式上的特点,指引读者从茫茫书海中搜索所需的特定书名、特定知识门类、特定著者,以及特定主题的书刊资料。因此,人们认为,就像大海航行离不开罗盘那样,图书馆目录是读者漫游书海的指南,检索图书馆藏书的金钥匙。

读者可能会问:图书馆目录究竟通过什么来达到记录、报导和检索藏书的作用呢?在没有回答这个问题之前,请读者先看看下面这张普通的书名目录卡片:

```
TS 29 －62

    guan tóu gōng yè shǒu cè

    罐 头 工 业 手 册    第六分册

    《罐头工业手册》编写组编    北京    轻工业出版社    1980
年 5 月

        306 页    大 32 开    1.25 元

    限国内发行

    本分册包括第十一、十二两章和附录。第十一章介绍罐头
产品标准;第十二章介绍了经济技术指标;附录中包括各种计量
的换算和罐头名称的中英文对照。

                            ◯
```

从这张目录卡片所记录的内容看,你一定会承认,它已经把《罐头工业手册》第六分册这本书的不少"情报"告诉你了。根据它所提供的情报,你肯定会很快地作出是否需要它的判断。

实际上,图书馆目录就是通过一张张目录卡片所记载的一些事项,揭示一本本书刊资料的内容特征和形式特征,以达到记录藏书、报导藏书和检索藏书这个目的的。由于这些记录在内容上,是关于一部书的最详细、最完整的记录,反映着图书的重要特征,提供了最简要的目录学知识。因此,读者把图书馆目录和其它书目资料所著录的内容看成为传递图书资料情况的工具,认为它是读者鉴别图书和了解图书的重要线索。

那么,图书馆目录所记载的内容能为你提供哪些线索呢?换

句话说,它是通过记录哪些项目来达到记录、报导、检索藏书的呢?一般地说,一张记录完整的目录卡片,主要通过下列这些项目向读者提供有关的线索:

书名项 这是专门记录图书名称的地方。它是目录卡片记载的一项重要的内容,也是我国读者用以识别和了解图书的重要依据。通过它可以了解一书的书名和副书名,或补充书名,或其它解释书名的文字。

著者项 这是专门记录图书的著作人和著作方式的地方,具体说来,著者项记载的内容,可以告诉读者某部书的著者是谁? 他是哪个时代、哪个国家的人物? 该著作是一个人著的,还是与别人合著的? 是团体著者,还是个人著者? 此外,还可以知道一书的著作方式:是著、编著、撰、编写、编辑,还是口述、记录、整理、注释,是译、校,还是编译,等等。

出版项 这是专门记录一部书的印制或出版情况的地方。它是从出版方面表明这部书区别于其它书的主要依据。通过它,可以知道一部书的出版时间、地点和出版者;还可以知道该书的版本情况,如第几版、第几次印刷,以及印刷方法,如铅印、石印、影印、油印、木刻、抄本等等。版本是读者关心的一项内容,因为读者阅读图书往往需要选择特定的版本。

稽核项 这是记录图书外形特征的地方。它能告诉读者一部书的装帧形式,如开本大小、精装、平装、线装;一部书的内部结构,如有无插图、插画或图表、照片等;一部书的篇幅和价值,如共有几册、多少页、定价是多少钱等。

提要项 这是以简洁精练的语言介绍一书的内容概要、主题思想、主要用途和使用对象。通过它,可以帮助读者了解一书的主要内容。

附注项 这是专门记载书名项、著者项等不能反映的一些内容的地方。一般讲,它可以使我们了解下列一些内容:1. 本书有无附录和参考书目;2.本书有无别名、改名或原名,书上所题不同于书名页的书名,翻译书的外文原书名等;3.本书的内容目次;4.本书与其它书的关系,如本书是另一书的续编,与另一书合订,根据什么版本付印等等。凡此种种,都可以帮助读者进一步确认、识别一书的内容特征或形式特征。

图书馆业务注记 这是专门记载图书馆业务工作需要说明的地方。它是图书馆工作事务性的记录事项。它包括索书号、目录分类号、登录号和储存地点等等。对读者来说,最重要的、也是最有用的就是索书号。因为这是记录某书在图书馆的存放地点和排架位置的符号。在某种意义上说,它是一书的代码,它是图书馆员组织藏书和读者借书的依据。没有它,就很难了解某书的去向。所以,它对读者利用图书馆藏书具有十分重要的作用。

上述这些项目,在图书馆目录中都是按一定的格式记录的,实际上,图书馆目录记录、报导和检索藏书的作用,基本上就是通过目录所记录的内容来体现的。

图书馆目录的类型

经常利用图书馆的读者都有这样的体会:在看书学习的过程中,人们对图书资料的需求是多种多样的。有时候,因学习、研究需要查阅某一知识门类的图书;有时候,因老师、同学或朋友的推荐,想借阅某本特定名称的图书,或某种书的一定版本,有时候,为了研究某位作者,希望了解他的部分或全部著作;有时候,因教学、科研需要,急需某一课题的图书,如此等等。作为一个读者,你是否知道通过什么检索工具,可以弄清楚图书馆有没有收藏自己需要的图书资料呢? 对于那些善于利用图书馆,熟悉图书馆目录的老读者来说,这并非难事。因为他们知道,图书馆根据读者查找图书资料的基本规律,以及本馆的具体条件,编制有不同性质和特点的目录。这些目录各有特点,互相补充。在一般情况下,尽管读者的需要各不相同,都可以通过不同类型的目录查找到自己所需的图书资料。所以,从利用图书馆的角度说,作为一个读者,只有十分熟悉图书馆目录的设置情况,详尽了解各类型目录的性质、特点,才能掌握利用图书馆藏书的主动权。

图书馆目录是多种多样的。下面我们依据不同的划分标准,向你作一简要的介绍。

一、按目录的形式分,可分为卡片式目录、书本式目录、活页式目录、张贴式目录和磁带式目录等。

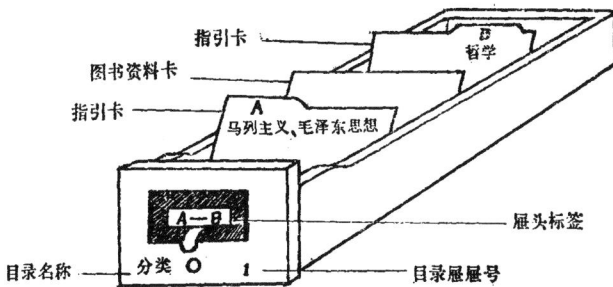

卡片式目录一般包括目录屉标、指引卡和图书资料卡等等(见上图)。每张图书资料卡片代表一种书,记载着图书的有关内容和形式上的特征,以及有关图书馆工作的业务注释。许许多多的卡片按照一定的规则组织起来,就组成了不同类型的卡片目录。这种形式的目录的优点是:形式灵活,可以随时编制,随时补充,随时利用。它具有灵活性,便于及时反映新书;不需要反映的书,也可以随时将卡片抽出,而不影响其它。因此,这种目录检查和使用都很方便,为一般图书馆所采用,是图书馆目录的基本形式。读者使用的图书馆目录,绝大多数也是卡片式目录。

书本式目录是将有关图书内容和形式的各种事项按一定的规则,著录在空白簿上,或印在统一规格的纸上,装订成册,形如书本的一种目录。这种目录的优点是轻便,占用面积小,不受地点限制,只要读者手中有了这种目录,那么,无论在哪里,都可以查阅使用。当然,这种目录也有缺点,主要是因为编制书本式目录比较麻烦,而且不能像卡片式目录那样随时增补新书和剔除旧书。所以,它不能及时反映图书馆的藏书。为了弥补这个缺点,图书馆还定期或不定期地编制新书目录。

活页式目录是将图书著录事项按一定要求写在活页纸上,再行集中装订,形式像书本。这是介乎卡片式目录和书本式目录之间的一种目录形式。这种目录,每页可写一类或几个子目,同类的书都集中在一页或几页上,新到的书可以随时补写上去。活页纸能随时增添或撤换,不影响其它部分。

张贴式目录是将图书著录事项抄写在单张纸上,或按类抄写,或报导新书,著录的图书可多可少,使用起来比较方便。这种目录大多是张贴出来,供读者使用的。所以又称为明见式目录。

活页式和张贴式目录一般多见于小型图书馆,但大、中型图书馆也常把它们作为目录的一种辅助形式,向读者宣传新书,推荐好书。因此,读者应注意利用这两种目录。

上列各种形式的目录,从检索方法上说,都是手工检索的目录。随着科学技术的飞速发展,电子计算机已开始在图书馆应用,随之产生和发展了一种专供电子检索用的磁带式目录,也就是人们常说的机读目录——MARC 磁带。由于这种目录只能通过电子计算机才可利用,而且成本昂贵。所以,目前使用并不普遍。但它是图书馆目录的发展方向,将来必定会在图书馆事业中发挥越来越大的作用。

二、按使用对象的不同,可分为读者目录和工作目录。

读者目录是专供读者使用的目录。这种目录一般都放在阅览室或借书处的附近,或者专门设置目录室存放,以便读者随时查阅。这种目录包括图书馆认为可供读者借阅的一切图书(但不是图书馆收藏的所有图书)。它是读者利用图书馆的重要工具。

工作目录也叫公务目录,是专供图书馆工作者使用的目录。它包括馆藏全部图书,其中也包括不适于读者阅读的图书。诚然,工作目录原则上是不供读者使用的,但它所反映的一些图书资料,对于研究某一问题的读者来说,还是有一定的用途的。所以,读者如有特殊需要,按规定办理某种手续后,同样可以利用工作目录查找所需图书资料。

三、按不同的检索途径,可以分为分类目录、书名目录、著者目录和主题目录。这四种目录各有特点,互相补充,是读者查找利用图书馆藏书的基本工具。如果你要看某一知识门类的书,或研究某一学科的问题,就可以利用分类目录,因为在分类目录中,同类的书总是集中在一起的;如果你要借阅具体的某一本书而又不知它属于何类和何人著作时,就可以查书名目录;如果你要研究某一作者的著作,就可以查著者目录,因为在著者目录中,一个作者的全部著作都是集中在一起的;如果你正在研究某一主题方面的问题,就可以查主题目录,因为在主题目录中,同一主题的书都集中在同一主题标目之下,查找起来十分方便。现在我国已编制了《汉语主题词表》,这将为今后编制主题目录提供可靠的条件。

上述四种目录,如果按排列方法分,可以分为系统目录(即分类目录)和字顺目录(包括书名目录、著者目录和主题目录)。关于这四种目录,我们将在下几节中详细介绍。

四、除上述各类型目录外,按出版物类型分,可分为图书目录、期刊目录、报纸目录、图片目录;按藏书范围分,可以分为包括全部藏书的总目录、只反映一个部门藏书的借书处目录、阅览室目录、专藏目录,以及反映若干个图书馆藏书的联合目录等等。

诚然,图书馆目录的种类是多种多样的。是不是每个图书馆都编制了各种类型的目录呢?当然不是的。实际上,虽然各类型图书馆为了更好地满足读者从不同角度查找书刊资料需要,也设置了各种不同功能的目录,从各个不同的角度揭示馆藏书刊资料,向读者宣传和推荐优良书刊资料,但是,由于各类型图书馆担负的任务不一样,规模大小不同,服务对象有差别,因而所设置的目录也是有区别的,并且形成了本馆的目录体系。因此,当你利用图书馆目录查找挑选书刊资料时,只有全面了解图书馆目录的设置情况,才能省时省力,从不同的角度查找到自己所需的书刊资料。

分类目录排检法

分类目录是按照图书分类法的体系组织起来的目录。

(一)分类目录的功用

分类目录是一种系统目录。它不仅可以反映出每一部书在图书分类排列时的位置,而且可以在各有关门类中将内容关涉到两个或两个以上门类的书反映出来。它能够回答图书馆是否收藏某类图书的问题,从而将馆藏图书内容有逻辑次序地、按科学体系揭示出来。

由于分类目录是依图书分类法的体系组织起来的,而图书分类法表示了各知识门类的顺序,也表示了类的从属关系,因而构成了一个完整的系统。它可以指引读者认识到关于某一知识门类的书籍,使读者通过分类目录,了解自己所学习研究的主要课题在知识体系中的位置,帮助读者从知识门类选择最合适的书籍,为读者"即类求书"创造了条件。同时,分类目录又可以通过各个知识门类之间的逻辑关系,即通过某一类目同其上下左右类目的关系,使读者能够接触到所学习研究的某学科的较全面的著作或新问题、新知识,为读者"连类求书"提供新的线索,从而引起新的更进一步的探索与研究。因此,分类目录不仅可以作为检索工具加以利用,而且也是读者自修学习和研究学问的重要工具。

　　然而,分类目录也有它的局限性。关于某一事物、某一问题的各方面资料,如分属各种不同学科,这就势必分在各类,因而对检索某问题全面资料的读者就很不方便。这个缺点必须用主题目录予以弥补。此外,如读者只知书名,不知类别,或需了解某人的著作,都不能在分类目录中解决,只得去查找书名目录或著者目录。

(二)分类目录的结构

　　卡片式分类目录除目录柜和柜标外,一般由下列卡片组成:

　　1.分类卡　它是以分类号为标目的卡片,是分类目录的基本成分。一般地说,分类号分为主要分类号和目录分类号两种。主要分类号是索书号的一个组成部分,它著录在卡片的左上角。目录分类号著录在卡片的左下角。分类卡其它著录内容与书名卡相同。例如:

```
Ⅰ 217. 2

        liǔ qīng xiǎo shuō sǎn wén jī
     柳  青  小   说  散  文  集
       柳   青著   中国青年出版社  1979 年 7 月
       328 页  32 开  0. 67 元

          本书共收集作者中短篇小说和散文 24 篇。内容歌颂了
       解放区军民在抗日战争和解放战争期间机智勇敢、英勇斗争
       的战斗生活和艰苦奋斗、自力更生的革命精神。中国革命进
       入社会主义革命时期后,作者集中描写了农村社会主义革命。

                       ○
```

2. 分类互见卡　这是当一种书可以归入两类或两类以上时，为重复反映在其它类而编制的卡片。例如：

```
A　424
　　实践论（论认识和实践的关系——知和行的关系）
　　　　毛泽东著　北京　人民出版社　1952 年
　　　　19 页



B023.2

　　　　　　　　　　　　○
```

3. 分类分析卡　这是专门为反映从书内分析出来的某项具体内容而设置的卡片。这种卡片著录内容的特点，一是指出分析出来的内容的出处；二是在卡片左下角著录有两个分类分析号。例如：

```
　　　　　　　吕后篡权叛国资料辑注
　　　　　　　　徐明海等辑注
　　　　在：《野心家吕后》黄霖编写　　上海人民出版社　1977 年
　　　　第 46 - 69 页



K 234.06

　　　　　　　　　　　　○
```

4.分类参照卡　这是为了加强分类目录的有机联系,方便读者使用而设置的卡片。例如:

为了从本目录未采用的类目指引到已采用的类目,设置单纯参照卡:

```
J  938          电影机械及器材


                    见


TB  85          摄影机具、设备
                    ○
```

为了表示两类或几类之间的相互关系,使读者无论从哪一类目都可查到文献资料而设置的相互参照卡:

```
R  33           人体生理学


                   参见


R  36           病理学
                  ○
```

5.分类指引卡　这是指引读者查找类号和类目的标志。在不同规格的指引卡上,分别说明指引卡后所反映的类号和类名。例如:(见下页)

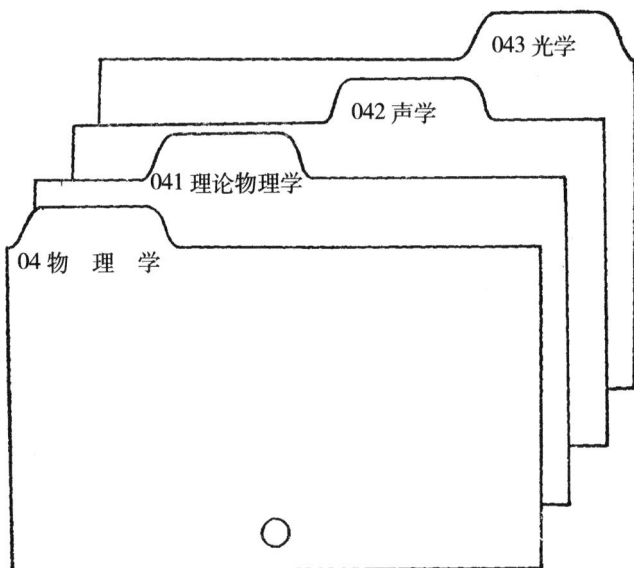

(三)分类目录的排列

分类目录中的各种卡片,都是按照代表类目名称的分类号的逻辑顺序排列的。在具体进行组织排列时,首先是区分大类的分类号;以下是在同一大类里区分各级类目的分类号。例如,当我们采用《中国图书馆图书分类法》的分类体系组织排列分类目录时,下列十四种书的分类卡的逻辑排列次序就是:

顺序	类名	分类号	书名
1	毛泽东著作选集	A41	毛泽东选集
2	唯物主义与唯心主义(总论)	B20	中国哲学史
3	人口学	C92	人口概论
4	(古代)章回小说	I242.4	官场现形记

顺序	类　　　名	分类号	书　　　名
5	新体中长篇小说（五四以后）	I246.5	柔石选集
6	章回小说（建国后）	I247.4	烈火金刚（章回小说）
7	新体中长篇小说（建国后）	I247.5	苦菜花
8	新体中长篇小说（建国后）	I247.5	平原枪声
9	故事（建国后）	I247.8	贺龙的脚印
10	自然科学现状、概况	N1	展望公元2000年的世界（国际预测综述）
11	自然科学研究方法工作方法	N3	科学研究的艺术
12	比例、百分法、利息	O121.2	比例计算
13	代数、数论组合理论	O15	近世代数基础
14	地球起源	P311	地球十讲

分类目录各种卡片的排列次序,同所采用的图书分类法的体系是一致的。当你利用分类目录时,应当知道,分类目录中的各种卡片总是大类在前,其次是基本类目,然后是各级小类。这就是分类目录各种卡片的首次排列。通过首次排列,一方面可以区分不同类目的图书;另一方面可以集中同一类目的图书。

由于依据分类号组织排列分类目录时,一个分类号只能代表同一类性质相同的图书,而同一知识门类的图书并不就是一、二种或三、五种,而可能是数十种,数百种,这时,同一分类号下将集中许多性质相同、内容相近的许多图书,如不加以区分,就无法确定每部书在分类目录中的先后次序,以致带来排检的困难。所以,为了进一步区分同类图书,就要进行二次排列。

目前,国内各类型图书馆采用的同类书的排列方法是多种多样的,但普遍采用的主要是两种:一是按著者姓名排,二是按种次号排。

1. 按著者姓名排列:

同类书按著者姓名排列时,具体方法也不一样,有的是按著者姓名的汉语拼音首字字母排列;有的是按著者姓名的四角号码大小排列;还有其它方法。这里介绍的是前两种方法。

例如,下列五本书,都是建国后的新体长篇、中篇小说,分类号是 I247.5,按著者姓名的汉语拼音首字字母排列。具体排列时,先确定第一字母顺序,第一字母相同,看第二字母,第二字母相同,看第三字母。其顺序是:

①I247.5 　家　巴金著
　BJ

②I247.5 　苦菜花　冯德英著
　FDY

③I247.5 　刘志丹　李建形著
　LJT

④I247.5 　平原枪声　李晓明　韩安庆同著
　LXM

⑤I247.5 　林海雪原　曲波著
　QB

如果按著者姓名的四角号码的大小(姓取左上、右上、左下角,双名各取左上角。单名取左、右上角)排列,其先后次序就变成这样了:

①I247.5 　苦菜花　冯德英著
　37124

②I247.5 　刘志丹　李建彤著
　40417

③I247.5 　平原枪声　李晓明　韩安庆同著
　40466

④I247.5 　林海雪原　曲波著
　55634

⑤I247.5　　家　巴金著
　77780

此外,也有的图书馆采用笔画笔顺法、笔形法等进行同类书的排列,使用时应予注意。

2. 按种次号排列:

种次号就是同一类图书在图书馆工作人员进行分类编目时,为了区别不同种的书,根据图书到馆的先后,依次给的1.2.3.4.5.……等不同顺序的号码。同一类中的每一种书,就按照这个顺序号进行排列,小的在前,大的在后。例如,下列四本有关物理学(分类号都为04)的书,是同类但不同种,由于到图书馆的先后次序不同,分别给予不同的种次号,依种次号的大小排列,其顺序就是:

①04　　物理学基础
　1

②04　　物理学
　2

③04　　普通物理学
　3

④04　　物理学入门
　4

此外,也有的图书馆是采用书名字顺来区分同类书的,使用时应予以注意。

在分类目录中,除了根据分类号和著者号(或种次号等)排列外,有时为了区别同一种书不同卷次、册次和版本,还需要进一步加以区分,用卷次号、册次号、版本号、年代号等加以排列。这一点,在查找分类目录时也要加以注意。

(四)分类目录的利用

对读者来说,分类目录的利用是比较困难的。这是因为分类目录是依据图书分类法的逻辑体系和其它辅助方法组织排列的。而图书分类法对许多读者来说,往往是陌生的,即使了解了一点图书分类知识,也常常因为图书分类法的多样性和由于图书分类分歧带来的困难,造成误检和漏检。所以,为了提高查检分类目录的效率,一方面要求读者抽暇学点图书分类知识,熟悉图书馆所采用的图书分类法的结构体系和代表类目的符号(分类号),进而掌握自己经常利用的类目在整个图书分类法体系中的地位;另方面,要求读者要十分清楚自己所要查找的类目同上下左右类目之间的关系,同某些类目之间的相关联系。只有这样,才有可能逐步达到"即类求书"、"连类求书"的目的。

图书分类法是由成千上万个类目组成的。虽然类目之间的关系错综复杂,但归纳起来,最主要是三种关系。

一是主从关系。这种关系是由一个较大的类与其直接细分出来的小类之间的关系。例如:"数理科学和化学"与"化学","化学"与"分析化学","分析化学"与"无机分析"等,都是从属关系。根据类目之间的这种上下从属关系,可分别称之为一级类目、二级类目、三级类目……。上一级类目对于下一级类目来说,它称为上位类;下一级类目对于上一级类目来说,它称为下位类。例如"数理科学和化学"是"化学"的上位类,"化学"又是"数理科学和化学"的下位类;"化学"是"分析化学"的上位类,"分析化学"则是"化学"的下位类。因此,任何一个类,是上位类,还是下位类,都是相对而言的。上位类和下位类之间的关系总是这样的:下位类一定是它所属各级上位类的一个组成部分,上位类一定包括它所属的各级下位类,它们之间的关系是总体和部分的关系,凡是没有这类关系的类目都不能列入这一类系之中。反映在分类目录中,在组织排列时,总是上位类排列在前,下位类排列在后。

二是并列关系。这是指各上位类下属的同一级若干下位类之间的相互关系,亦称同位类关系。例如"数理科学与化学"下属的"数学"、"力学"、"物理学"、"化学"与"晶体学"等五个类目之间的关系,就称为并列关系。这些由"数理科学和化学"划分出来的各类,则称为同位类。它们在某一点上(即上位类所代表的属性上)是相同的,而在另一些属性上(即各类所特有的属性上)则是不同的。因此,同位类之间是互相排斥的。凡能分入某一个类目的,必定不能分入这个类目的同位类。反映在目录上,同位类的排列顺序,取决于分类法所确定的类号的逻辑顺序。

三是交叉关系。交叉关系又称交错关系,这是指各种相关类目之间的关系。在类目表中,有些类目由于研究角度的不同,可以根据不同的要求分属于二个或二个以上的上位类所代表的学科。如"金属的电性质"类,可隶属于"数理科学和化学→物理学→固体物理学→固体性质→电学性质",又可隶属于"工业技术→金属学、金属工艺→金属学、热处理→金相学(金属的组织与性能)→金属的性能→物理性能"。但是,由于图书分类法是单线排列,再加上同一性质的图书不得同时分入二处的分类原则,所以不能将一部分关于金属学电性质的书分入"固体物理"类下,而将另一部分关于金属学的电性质书分入"金属学"类下。实际上,图书馆在组织分类目录时,总是二者选择其一,并将那不用以类分图书的类目作为"交替类目"(又叫"选择类目")加以说明。

读者了解了类目之间的这些关系,就为按类查书打下了良好的基础。如果读者在查找时能迅速确定到图书在分类目录体系中是属于哪个类,并逐步缩小范围,即首先找到基本部类,然后确定基本大类、基本类目、各级小类,直至查找到所需文献资料。假如你没有明确的查找目标,也可以在自己感兴趣的类目中挑选自己喜爱的图书。

分类目录看起来是错综复杂的，实际上也并不是难掌握的。只要我们了解了一些分类知识，坚持实践，逐渐摸索其中的一些规律，很快就会运用自如的。

书名目录排检法

书名目录是按照图书名称的字顺组织起来的目录，它是从书名的角度记录、报导和检索图书馆藏书的工具。

（一）书名目录的功用

书名目录的功用，就是它能回答图书馆有无某一本特定名称的书。它能帮助已知书名的读者迅速而准确地查找到所需图书资料，对不熟悉分类目录，习惯于提出一定书名的读者来说，这种目录更显得重要和方便。

由于书名目录是以书名或篇名作为著录标目的各种卡片组织起来的，因此，它可以使得读者无论从哪一种书名（正式的、交替的、解释的，以及别名、简名等等），来查阅所需要的图书，都可以知道图书馆是否藏有此书。

在我国，无论是检索古代文献资料，还是检索现代文献资料，书名目录都是读者经常利用的一种检索工具。它对选择性很强的读者来说，作用尤其突出。然而，事物总是一分为二的。书名目录也有它的局限性。读者只有知道书名时，才能使用这种目录。如果读者想查阅某位著者的著作，或者想查找某一问题的书，或某一类别的书，那么，书名目录就不能满足需要。这时，读者只好通过分类目录，著者目录和主题目录查找。

(二)书名目录的结构

卡片式书名目录除目录柜和柜标外,一般由下列卡片组成。

1.书名卡 这是以书名项为标目的卡片。它是书名目录的基本成分。这种卡片把书名列为卡片的首项,并以此作为排检的根据。例如:

```
V 413

        dàn dào de cè liáng
     弹  道  的  测  量
         程一铭著      河北人民出版社
     1978 年 12 月
     88 页   32 开   0.26 元

     现代科学技术丛书
     本书对电子弹道测量系统作了通俗的介绍。包括电子弹道测
   量系统的主要用途、基本概念、基本组成和发展方向,多普勒测速、
   定位系统,比相测量系统,多站测量系统等。
                    ○
```

2.书名附加卡 这是专门为图书的"交替书名"、"平列书名"和"解释书名"等编制的卡片。它的特点是以"交替书名""平列书名"和"解释书名"等为标目,列于卡片的首项。例如:

> 马克思生平履历及学说简述
>
> 卡尔·马克思（马克思生平履历及学说简述）
>
> 列宁著　莫斯科　外国文书籍出版局　1951 年
> 48 页
>
> ○

3. 书名分析卡　这是专门用于反映从书中分析出来的材料名称的卡片。它以分析出来的名称为标目，并列于卡片的首项。例如：

> 关于帝国主义笔记
>
> 列宁著　中共中央马克思、恩格斯、列宁、斯大林著作编译局译
>
> 在:《列宁选集》　北京　人民出版社　1964 年　第 39 卷
>
> ○

4. 书名参照卡　主要有两种：

一种是从本目录未被采用的书名,指引到已采用的书名。

例如：

另一种是将两个都被本目录采用的书名告诉读者，使读者可以了解两个书名之间的关系。例如：

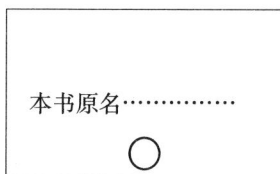

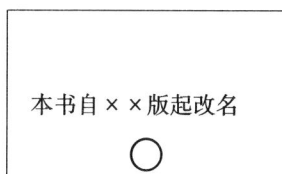

5. 书名指引卡　这是指引读者查找利用书名目录的卡片，它利用各种规格的指引卡，说明书名的字顺、或指出重要著作，使读者能迅速地查找到所需著作。例如：

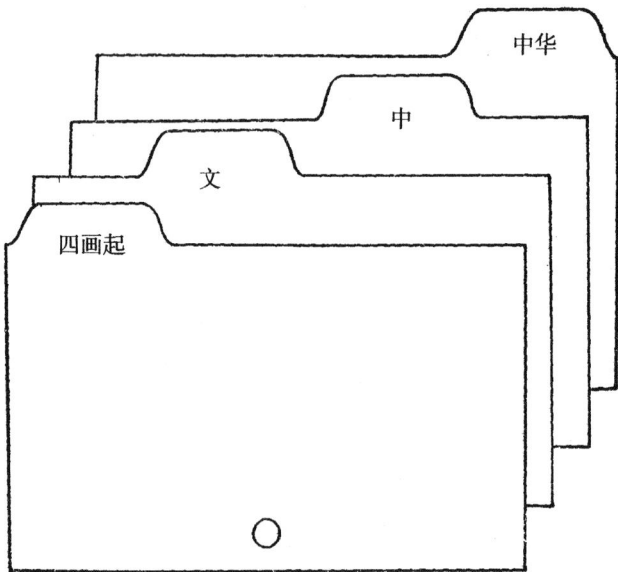

（三）书名目录的排列

书名目录是字顺目录。它是根据书名的字顺组织排列的。因此，它的具体排列方法，主要决定于图书馆所采用的排检方法。就目前我国图书馆界的情况看，尽管由于汉字排检方法复杂纷纭，但图书馆所采用的排检方法也不过几种。其中广泛采用的主要是汉字拼音字母排检法和笔划笔形法。

汉语拼音字母（音节）排检法。首先按书名首字音节排，首字相同，再按第二、第三字及其后名字的汉语拼音排列。音节相同的字，则按"阴、阳、上、去"四个声调的顺序排，如音节、声调亦相同，则用、、一、丨、丿起笔笔形的先后顺序排列。

笔划笔形法。首先按书名首字笔划数排列。划数少的在前，多的在后。首字相同，再按第二、第三字及以后各字的笔划数排。笔划相同,再按起笔笔形排,首笔笔形相同,按第二笔笔形排,余类推。

下列十种书,按上述两种方法排列时,其顺序分别如下:

次序 \ 方法	汉语拼音字母排检法	笔画笔顺排检法
1	阿拉伯语汉语词典	工业企业固定资产管理
2	地理	火山及火山岩
3	电工基础	日语
4	工业企业固定资产管理	中兽医诊断学
5	国家与革命	电工基础
6	火山及火山岩	论十大关系
7	简明法汉词典	地理
8	论十大关系	阿拉伯语汉语词典
9	日语	国家与革命
10	中兽医诊断学	简明法汉词典

以上两种排列法,从发展的角度看,汉语拼音字母排检法将会越来越普遍地在图书馆使用。当你利用汉语拼音字母排检法时,要注意掌握拼音方法和字母的排列顺序,同时也要注意发音的准确性。这样,查找时就可提高速度。至于笔画笔顺排检法的利用,则要注意确定笔画的准确性,笔形和笔顺的统一性,不然,在查找时就会遇到许多困难,以至欲速不达。

上面谈到,书名目录是根据所采用的排检方法进行排列的。因此,掌握汉字排检法,对于提高检索效率具有非常重要的作用。但是,就图书馆的书名目录来说,图书馆工作者为了解决组织排列中的一些实际问题,往往还规定了许多排列规则。这些排列规则,对馆员组织目录是必不可少的,对读者提高查找目录的效率来说,也很重要。比如下列一些规则,对读者就十分有用。

书名中加有标点符号,如逗号、顿号、引号、惊叹号、书名号等,在排列时,省去不排。如:《字,词,句》,逗号省去不计。

凡书名前有"增订"、"增补"、"最新"、"新编"、"绘图"、"袖珍"等冠词时,排列时均除去不计,以后面的第一个字排列。如:《袖珍英汉字典》,由"英"字排起。

书名相同时,按照副书名或解释书名排,无副书名的排在有副书名的前面。如:《李双双》一书,有不同的副书名,排列时按笔画笔顺排检法定先后次序,其顺序是:

①李双双

②李双双(从小说到电影)

③李双双(电影文学剧本)

④李双双(电影故事)

⑤李双双(话剧)

同一书名的不同版本按反纪年排列,即年份最晚的排在前面,年份最早的排在最后面。多卷书、年鉴、手册等书名后注有年份或卷册次的,按年份或卷册次的顺序排。

如果书名中有阿拉伯数字、罗马数字,外文字母或其它符号时,若在书名前,即把它排在所有汉字书名卡片之后,其次序是先阿拉伯数字及罗马数字,次为拉丁字母,再次为其它外文字母;若夹在书名之中,就排在与其前面的汉字相同的卡片之后。(对阿拉伯数字及罗马数字,也可转换成相当的汉字排列,如1980年,按一九八〇年排),如下列各书,按笔画笔顺排检法排列时,其次序为:

①I210.4 　　二心集

②TM343 　　三相异步电动机修理

③TB12 　　　工程力学

④TU41 　　　土木试验

⑤S645 　　　水生作物栽培

⑥R683 　　　中西医结合治疗骨折

⑦TQ－6 　　增订化学工业大全

⑧P531 　　　阿米巴病

⑩I210.4　　阿 Q 正传

⑩ TG58　　3 A 64 型万能工具磨床

⑪ S143.8　　"702"及其在水稻上的应用

⑫ S218　　DT－l43 拖拉机

⑬R816　　X 线诊断手册

(四)书名目录的利用

由于书名目录是一种字顺目录,所以检索起来,就像查字典那样,易查易检。在具体利用时,读者只要记准书名,并熟悉排检方法,就可以很快地查找到所需文献资料。

从查找书名目录的实践看,要想提高检索效率,除了掌握排检方法,熟悉排列规则外,还应该注意下列几个问题:

一是要确定书名。一般地说,一书就是一名。但是,也有一些书除正式书名外,还有副书名、补充书名、简名、别名等等。在书名目录中,主要反映的是正式书名,其它非正式书名都不在书名卡中反映。因此,在查找书名目录时,确定了正式书名,就可以提高检索效率。

二是要确定字形和字音。书名目录的组织排列,不是依据字的形序就是依据字的音序,而且是依据标准化、规范化的字形和字音。所以,是否能确定字形和字音,就在很大程度上影响着查检速度。一般地说,在这个问题上,有几种情况是经常碰到的。例如:具体的汉字形体往往有繁体和简体之分,旧体和新体之分,异体和本体之分;在确定汉字的笔划笔顺时,因个人习惯不同,往往会出现笔划数不准,起笔笔形弄错的情况;在确定汉字的音序时,因我国语言的复杂性,往往造成拼音的错误,或声调的错误,或忽视了一字多音的现象。如此等等,都将影响检索效率,以致造成错检或误检。读者使用书名目录时,一定要通过阅读使用说明,或请教图书馆员了解清楚有关的知识。

著者目录排检法

著者目录是按照图书著者的名称的字顺组织起来的目录。它是从著者的角度记录、报导和检索图书馆藏书的工具。

（一）著者目录的功用

著者目录的功用，就是它能回答图书馆有无某一著者的著作。因此，对于专门研究某一著者及其著作的读者来说，这是一种十分方便的检索工具。

由于著者目录是以图书的著者名称作为著录标目的各种款目组织起来的，所以它能够把一个著者的全部著作集中反映出来，对于读者搜集、研究某著者及其科学成就有特别明显的作用。同时，它又能把党和政府领导人的著作，机关团体的出版物集中在一起，以便读者学习研究。具体地说，著者目录可以回答下列几个方面的问题：1. 图书馆有无某人所著、所编、所译或以其它方式著作的一定图书？2. 图书馆一共有某人所著、所编、所译或以其它方式著作的一些什么书？某人曾经著作了一些什么书？3. 外国某一著者的著作有什么译本？4. 古典作家的著作有哪些具有注释或译注的版本？5. 党和政府曾经发表过一些什么决议、决定、布告等等；关于它们有些什么著作？6. 某一机关、团体曾编著或出版过什么刊物和著作？7. 一定著者的一定著作有些什么不同的版本？

此外，由于现代从事科学研究工作的人或机构，或政府领导人，一般都是学有专长的，同一人或同一机构撰写发表的文章，在内容主题上常常限于某一学科、某一专业的范围之内，因而在同一著者的标目之下。所以，当知道著者名称后，就可以查找到他们的所有著作，并且能了解到有关著作在内容和形式上的一般特征，从而扩大眼界,便利了图书的挑选。

当然,著者目录也有其局限性:它只能在已知著者名称的情况下使用,如果想查找某一知识部门、某一主题或具体的某一本书时,只能通过查找分类、主题和书名等三种目录来满足需要。

(二)著者目录的结构

卡片式著者目录除目录柜和柜标外,一般由下列卡片组成:

1.著者卡 这是以著者名称为标目的卡片。它是著者目录的基本成分。它的第一项反映的就是本书的著者,其它内容则与书名目录卡相同。例如:

K 512.33

史剑著

shā huáng é guó de hǎi shàng kuò zhāng

沙 皇 俄 国 的 海 上 扩 张

史 剑著　　商务印书馆　1977 年 7 月

63 页　有图　32 开　0.15 元

历史知识读物

本书揭露老沙皇争夺波罗的海、黑海和太平洋霸权的狂妄野心和罪恶行径,以老沙皇为镜子,揭露苏修新沙皇秉承老沙皇意旨争夺海上霸权的社会帝国主义罪恶行径。

○

2.著者附加卡 这是专为二人以上著者合著的书的合著者编制的卡片。它的第一项反映的是合著者的名称。例如:

```
I242.4
    高鹗同著
红楼梦   新校本九一至一〇〇回
   （征求意见稿）
曹雪芹   高鹗同著   《红楼梦》
校订出版小组   1979.2
1487－1632 页   16 开


                    ○
```

3.著者分析卡   这是专门反映从书中分析出来的材料的著者而编制的卡片。它的第一项反映的是分析出来的著者名称。例如：

```
    徐明海等辑注
吕后篡权叛国资料辑注
    在:《野心家吕后》   黄霖编写
上海人民出版社   1977 年
第 46－69 页



                    ○
```

4.著者参照卡   这是引导读者从本目录未采用的著者去查找已采用的著者的卡片。例如：

沈雁冰

见

茅盾

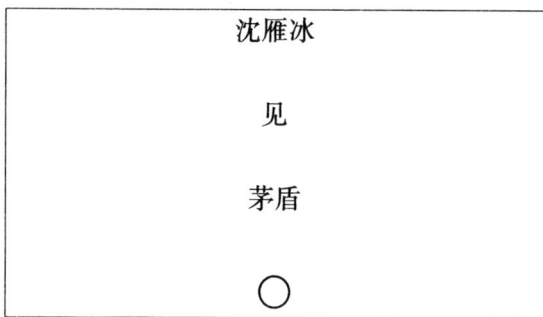

5. 著者指引卡　这是专为指引读者识别著者字顺、重点反映某位著者而编制的卡片。例如：

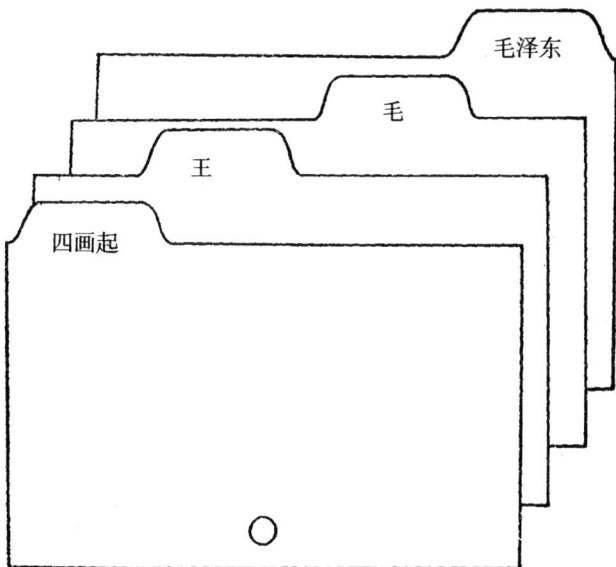

毛泽东

毛

王

四画起

(三)著者目录的排列

著者目录也是字顺目录。它是根据著者名称的字顺组织排列的。因此,它的排列取决于图书馆所采用的排检方法。一般地说,它和书名目录一样。在我国各类型图书馆中,普遍采用的排检法,主要是汉语拼音字母排检法和笔划笔顺排检法。关于这两种方法,前面已经作过介绍,在此不再赘述。

著者目录的具体排列方法,除必须依所采用的排检法排列外,还有一些特殊的排列规则,是读者必须了解的。例如:

1.著者相同时,依书名字顺排;同一人的著作有不同的著作方式时,则按著、编、译、校等顺序排;同一著者同一方式的,则按全集、选集、单行本等顺序排;如果著者、书名皆相同时,则按年代的反顺序排,即新版排在前面,旧版排在后面。

2.不同著者的,依照其首字字顺排列先后,首字相同的再按第二字排,依此类推。

3.合著者排在同姓名、单人姓名之后。合编、合译者亦是如此。

4.党(团)的出版物,依以下次序排列:党(团)纲、党(团)章;党(团)代表大会或代表大会文件,按届数、次数排;同一大会或会议再按:党(团)中央委员会的报告及决议,党(团)的领袖的讲话,代表发言,关于该会的资料。中央委员会的文件排列次序同上。地方党(团)组织的文件排列次序,先依省(市、自治区)排,再按市、县排,再按文件的字顺排。最后排党(团)和政府联合发言的文件。

5.政府机关和一般机关团体的出版物,按机关名称的字顺排。同一部门的出版物,先排决议、决定、命令,再排以该部名义发表的专门著作,每门著作再按书名字顺排列。

(四)著者目录的利用

著者目录的查检方法,并不复杂。在一般情况下,只要知道了著者姓名,又掌握了著者目录的查检方法,就可以迅速查找到所需文献的线索。可是,由于著者姓名的相对复杂性,往往会给使用者带来一定的困难。大家知道,中国人的姓名是比较有规律的,总是姓在前,名在后,姓也较简单一般是单姓,少数为复姓;名字也不复杂,不是双名(二个字),就是单名(一个字)。然而,外国著者的姓名却完全不同了,不但文种繁多,而且由于风俗习惯的差别,反映在姓名的写法、用法上更是五花八门。以姓氏而论,有单姓、复姓、父母姓连写等等。有的姓在名前,有的姓在名后。名的花样更多,有单名(没有姓和名的区别,只是一个字)、多名、教名、父名等等。有的姓名中加有荣誉称号。有的姓名可长达十余字,甚至数十字。在文献上,有的著者姓名是写全的,有的则写的不全。至于中译名称,由于译者的原因,同一著者,往往会有几种译名,如:"托尔斯太""托尔斯泰","史大林"、"斯大林"等。此外,有的著者用真名,有的著者用笔名、别名,有的用现名,有的用原名,有的还用字、号、别号。团体著者也有全称和简称。如此等等,不胜枚举。读者如不注意,在检索时,如何选择,常常不易分辨,以致造成漏检或误检。

不过,一般著者目录在编制时都有一定的取舍或制订专门的处理规则,读者只要详读说明或请教目录辅导员,碰到的问题就能迎刃而解。

主题目录排检法

主题目录也叫标题目录。它是以揭示图书资料的主题为目的,并以反映图书资料内容的主题名称的字顺组织起来的目录。它是从主题的角度记录、报导和检索图书馆藏书的工具。

(一)主题目录的功用

主题目录的功用,简而言之,就是可以了解图书馆是否收藏了有关某一主题的图书资料,以及反映这些图书资料的基本"情报"。

主题目录的这种功用,是由它的特点决定的。它的最显著的特点主要是两个:一是它用名词术语作标题,表达概念准确灵活,无论主题专深程度多高,都能直接表达出来,并按字顺组织排列,因此,查找起来,直接方便;二是它能将同一主题有关而分散在各个学科中的文献资料集中在同一个主题词下,便于按题检索,各取所需。所以,利用这种目录检索图书资料时,只要确定所查图书资料的某个主题词,就可以像查字典那样,按字顺查找到某个主题词,从而找到属于该主题的文献。

主题目录的这种特殊作用是书名目录、著者目录和分类目录所不能比拟的。比如,当你需要关于"原子能"的文献资料时,你是不可能迅速地从书名目录和著者目录中查找到所需要的文献资料的。如果想从这两种目录中找到有关文献资料的话,那你只好一张一张卡片地翻查,不然就不能查全资料。即使查到了,也将是事倍功半、得不偿失的。因为浪费的时间和精力太多了。假如通过分类目录查找,效果可能好一点,因为分类目录能把同类书集中在一起。但它还是不能把有关"原子能"的文献资料集中在一起。因为在分类目录里,关于"原子能"的书籍,可以分散在物理学、化学、政治学、军事学、工业、农业以及其它门类之中。这样查找,还是相当费时费事。然而,主题目录却不同,它可以在"原子能"这个标题下,把所有关于"原子能"的图书资料集中在一起。你只要在主题目录中查到了"原子能"这个标题,就可以猎取全部有关

"原子能"的资料。

由于利用主题目录查找图书资料直接方便,而且可以获得专题文献资料,所以,主题目录对于那些从事专题研究的读者来说,是非常重要、非常实用的一种检索工具。不过,这种检索工具,目前在我国图书馆界使用还很不普遍,但从长远的角度看,它必将越来越多地出现在图书馆的目录体系中。

(二)主题目录的结构

卡片式主题目录除目录柜和柜标外,一般由下列卡片组成:

1.主题卡 这是以主题名称为标目的卡片。它是主题目录的基本成分。它的第一项反映的就是本书内容的主题,其它内容与书名卡著录的内容相同。例如:

```
S 512 -33
        春小麦
    chūn xiǎo mài gāo chǎn wěn chǎn de chū bù yán jiū
    春 小 麦 高 产  稳 产 的 初 步 研 究
    青海省生物研究所编著  青海人民出版社  1977 年 7 月
    63 页  16 开  0.47 元
    本书编选了关于春小麦丰产栽培、新品种选育及遗传等方
面的文章共十一篇。

                        ○
```

2.主题附加卡 这是对一书的内容涉及两个或两个以上主题时,为第二个及其以后的主题所做的卡片。例如:

南斯拉夫

tiě tuō yǔ nán sī lā fū

铁 托 与 南 斯 拉 夫

（西德）施特勒姆（Ströhm, C. G.）著　林荣远等译　　商
务印书馆　1979 年 1 月

340 页　32 开　0.84 元

内部发行

本书是一本研究南斯拉夫的综合性著作。主要内容是：铁
托的经历和"铁托主义"体系，着重地谈到"自治社会主义"；南
斯拉夫和苏联的关系；南斯拉夫国内各民族的历史、现状和存在
的矛盾；铁托以后的南斯拉夫前景。

○

3. 主题分析卡　这是专为反映本书内容分析出来的文献的主题
而编制的卡片。这种卡片的特点是指明了新的主题的出处。例如：

吕雉

吕后篡权叛国资料辑注

徐明海等辑注

在:《野心家吕后》黄霖编写

上海人民出版社　1957 年

第 46 - 69 页

○

4. 主题参照卡　主要包括下列二种：

一种是由未被采用的主题名称，指引到被采用的主题名称的
单纯参照，中间用"见"连接。例如：

名学
见
逻辑
○

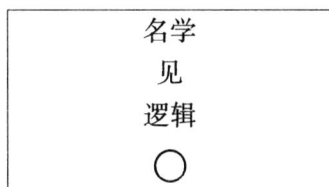

另一种是对两个均被采用的主题名称所作的相互参照卡,中间用"参见"连接。例如:

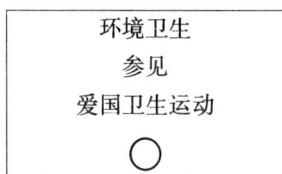

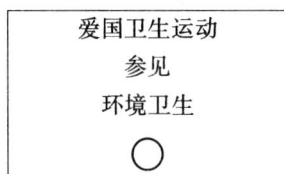

环境卫生
参见
爱国卫生运动
○

爱国卫生运动
参见
环境卫生
○

5. 主题指引卡 这是指引读者查找利用主题目录的卡片。它利用各种规格的指引卡,说明主题名称、主题字顺、或指出重要主题,使读者能迅速判断自己所需主题的文献资料。例如:

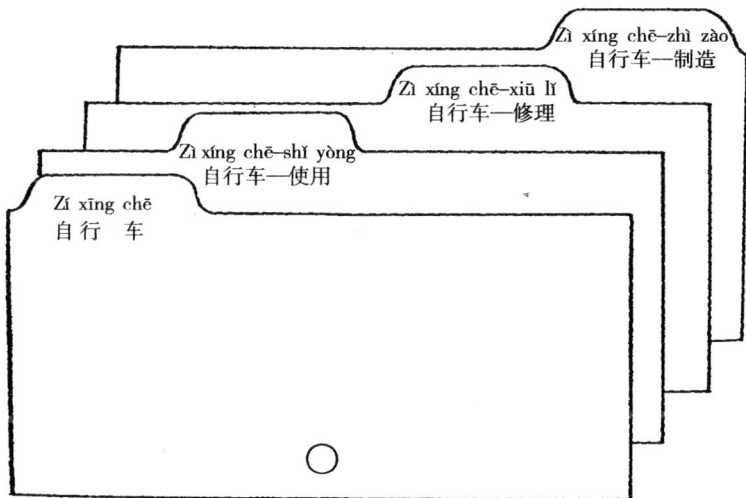

Zì xíng chē–zhì zào
自行车—制造

Zì xíng chē–xiū lǐ
自行车—修理

Zì xíng chē–shǐ yòng
自行车—使用

Zì xīng chē
自 行 车
○

（三）主题目录的排列

主题目录也是一种字顺目录。所以,主题目录中的各种卡片都是依据其标题的字顺排列的。具体的排列方法,则依其所采用的排检方法而定。一般地说,各馆常用的排检法,不外乎二种。一是音序法:依主题词的汉语拼音字母顺序排列;二是笔划笔形法:依主题词的笔划数和起笔笔形顺序排列。用这两种方法排列主题目录卡的方法与书名目录同,在此不再赘述。

不过,主题目录卡的排列,有它特殊的一些规定。例如:

1. 首先排单字的标题,然后排词组的标题;

2. 如果标题相同时,按副标题的字顺排列;

3. 如果标题和副标题都完全相同时,则依著者或书名字顺排列,或依其它标准,如时代、地域等项的字顺排列;如果采用时代为副标题时,则按年代先后排;用地域为副标题时,则按地区范围排;在社会科学范围内,如果是以国名为副标题时,一般是按字顺排列。

（四）主题目录的利用

前面已经谈到,主题目录是按照代表文献资料内容实质的主题词的字顺组织排列的。因此,查找利用主题目录时,首先要弄清楚您所要查找的文献资料,可能有哪几个主题词可以代表。比如,当您需要有关"分类法与主题法"的文献资料时,就可假定"分类法"和"主题法"为代表这类文献资料的主题词,然后,试从"分类法"或"主题法"这两个角度去查找有关文献资料。其次,要弄清楚所查主题词在主题目录中的确切位置,也就是说,要弄清楚主题目录是按什么排列方法组织起来的;主题目录中的每一个主题词是按笔顺排列,还是按音序排列? 在同一主题下的文献资料,是按书笔顺、音序排列,还是按其它方法排列? 这些作为基本的知识,您都要熟悉它、掌握它。如果您能准确地确定所查文献资料的主题名称,而且熟悉主题目录的排检方法,那么,您就可以迅速地获得有关主题的全部文献资料。

第五章　工具书选谈

"各种工具书,对于浩瀚的书籍、期刊、资料来说,好比探测器,运用自如,海底也可捞针;又好比知识宝库的钥匙,掌握好了,就可以破门而入。否则,就不免要望书兴叹,或不得其门而入,白白浪费了宝贵的精力与时光"。这是人们经过实践后得出的切身体会。对于迫切要求利用图书馆,渴望提高学习、工作和科学研究效率的读者来说,都应当把工具书的掌握和使用,作为一种必备的基本功来加以训练。为了帮助读者了解工具书的基本知识,进而熟悉和掌握工具书的查找利用方法,我们围绕工具书及其作用,各类型工具书选介和怎样查找利用工具书等三个方面的问题介绍如下,供读者利用图书馆时参考。

工具书及其作用

书籍浩如烟海,知识无穷无尽。人们在读书的时候,免不了会碰上这样或那样的困难;或不得门径找不到所要读的书;或遇到疑难而无法读下去。为了解决这些矛盾,只能借助于工具书。

工具书是广泛收集某一范围的知识材料,并以特定的编排方式和检索方法,为读者提供某一方面全面系统的知识或线索,作为工具专供人们查阅翻检用的特种类型的书籍。

工具书具有知识性、资料性和检索性等特点。所谓知识性，是因为工具书收集传递的知识内容广泛，对于某一学科门类的知识，包罗万象，应有尽有；所谓资料性，是因为工具书所收集的资料，无论古今中外，详尽无遗；所谓检索性，是因为工具书收集的所有资料，都是按照一定的科学方法组织起来，形成一定的知识系统便于查考，能起到"指引读书门径，解决疑难问题，提供参考资料，节省时间精力"的作用。

实际上，工具书的作用是多方面的。看书学习遇到难字难词，不明白的成语典故，要查字典、词典；在学习或工作中，要了解国际、国内时势资料与统计材料，需参考年鉴、手册；研究问题，写作论文必须广泛地收集材料，常常借助于各种书目、文摘、索引、百科全书、类书、政书。在编辑工作中，从事注释、校勘、辑佚，更离不开工具书。对一个读者来说，要自学，要独立地从事科学研究，如何在书刊的海洋中，迅速而准确地查找到所需要的资料，这是具有重要意义的问题。要解决这个问题，也必须借助于工具书。

古今中外的工具书十分丰富，类型也相当多。就其文字来说，有中文与外文之分；就其编撰时代来说，有古代、近代与现代之分；就其内容来说，有自然科学与社会科学之分。但就其功用与特点来说，一般都把工具书区分为字典、词典、百科全书、类书、书目、索引、文摘、年表、历表、年鉴、手册、地图、资料汇编和各种图谱等等。就个人而言，并不需要了解所有的工具书，只要知道各类工具书的性质作用以及碰到疑难问题，可查哪类工具书就可以了。至于能否熟练地掌握和使用，那是长期运用的结果。本章选谈的只是其中一部分经常使用的工具书。

语言文字的宝库——字典、词典

汉字发展至今,总数不下十万。语言更是千变万化,谁也很难统计出一个确切的数字。

字典、词典是语言文字的宝库,它们都是在一定的时代、一定的阶级观点和学术思想的指导下,汇集和解释有关人类阶级斗争、生产斗争和科学实验知识的单字、单词和词组的工具书。

人们经常使用的现代字典、词典,主要是两大类:一是综合性字典、词典;二是专科性字典,词典。综合性字典、词典,主要是供学习语文、学习一般性知识、解决阅读词语上的困难而编的。如《新华字典》、《现代汉语词典》、《辞源》、《辞海》等。专科性字典、词典,则是专门收集各学科专门术语,分别提供学习研究某专业查考用的,如《简明哲学辞典》、《新闻学小辞典》,以及自然科学各知识门类的专门词典等。

对大多数读者来说,字典、词典并不陌生。有许多人从小学起,就学习使用过诸如《新华字典》、《成语小辞典》这类工具书。对于多数读者来说,字典、词典不但是案头必备的工具,而且是活到老、学到老、用到老的"终身伴侣"。实际上,无论是风华正茂的青少年学生,还是白发苍苍、卓有成就的老年专家、学者,在读书学习之时,都免不了会碰到自己不认识、不理解或理解不透彻的字、词、人物、制度、书名、地名、成语、典故、专业术语;在从事研究或写作时,也难免会遇到上述问题。这时,只要你熟悉各种字典、词典,并善于利用它们,那么,无论在看书学习,还是研究、写作时碰到多少有关语言文字的疑难问题,绝大多数都可以迎刃而解。

诚然,字典、词典是复杂多样的,但是,就它们的具体功用来说,还有各自特殊的作用。

有的是专门用于查字的。比如：①现代的《新华字典》（新华辞书社编，出过多种版本）;《汉语常用字典》（该书编写组编）;《中华大字典》（徐元诰、欧阳溥存等编）。②古代的《说文解字》（汉　许慎著　宋　徐铉等校定）;《玉篇》（梁　顾野王著）;《类篇》（宋　王洙、司马光等编）;《字汇》（明　梅膺祚撰）;《经籍籑诂》（清　阮元主编）;《康熙字典》（清　张玉书等奉诏编）。还有查形体的、辨正字的、查音韵的字典,等等。

有的是专门用于查词的。比如：①现代的《现代汉语词典》（中国科学院语言研究所词典编辑室编）;《国语词典》（中国大辞典编纂处编）;《四角号码新词典》（商务印书馆编）;《辞源》（商务印书馆编辑出版,有多种版本）。②古代的《尔雅》（编者佚名,晋　郭璞注、明　金蟠订,《四库备要本》）;《释名》（东汉　刘熙撰）;《广雅》（魏　张揖著,隋　曹宪音释）。还有查虚词的、查百科词语的、查专科词语的等等。

有的是专门用于查语句、典故的。比如：①查文学词语的《诗、词、曲语词汇释》（张相著）;《小说词语汇释》（陆澹安著）;《金元戏曲方言考》（徐嘉瑞著）;《宋金元戏曲词语汇释（上册）》（南京大学中文系戏曲研究室编）;《敦煌变文字义通释》（蒋礼鸿著）。②查成语的《汉语成语小词典》（北京大学中文系1955级语言班编,有多种版本）;《汉语成语汇释》（甘肃师范大学中文系汉语教研组编）;《现代汉语成语词典》（中国科学院语言研究所范方莲等编）;《中华成语词典》（吴廉铭编）。还有查方言的、查俗语谚语的、查联字的等等。

有的是专门查人名地名的。比如：①查人名的《中国人名大辞典》（臧励和、方毅等编）;《当代中国人名录》（樊荫南编纂）;《中国文学家大辞典》（谭正璧编）。②查地名的《中国地名大辞典》（臧励和等编）;《读史方舆纪要》（顾祖禹著）;《最新中外地名辞典》（葛绥成等编）。

总而言之,每种字典、词典类工具书都有其特定的功用,当我们需要查找不同的疑难问题时,可有选择地利用之。但是,要想熟练地使用字典、词典,还要注意下列几个问题:

　　首先,要了解它的性质、内容和用途。各种字典、词典都是为了一定的目的编制的。因此,当利用它来解决疑难问题时,就要弄清它的编辑目的,它的内容和用途,以便确定是否需要翻查。一般地说,我们可以通过阅读书前的序言,书后的跋,正文以及附录、补编等,了解该书的大概情形,例如编纂时间,所收字数和词目的范围,选词释义的原则和注音方法,以及读者对象等。同时,还要了解各种字典、词典的长处和特点,以便互相补充,以此之长,补彼之短。

　　其次,要熟悉它的排检方法。各种字典、词典都是按照一定的排检方法组织排列的。要想熟练地查找,就要尽可能多地掌握几种排检方法,这样就有可能熟能生巧,欲速则达,从而提高检索效率。各种字典、词典采用的排检法是多种多样的。诸如部首排检法、笔画排检法、笔形排检法、笔画笔顺排检法、汉语拼音字母排检法、注音字母排检法、音韵排检法、四角号码排检法、分类排检法等等,在不同的字典、词典里均分别采用。但在一般情况下,一部字典、词典都是以其中一种排检方法为主,组织排列正文,辅之以其它方法编排各种索引,以提供尽可能多的检索途径,供读者选择使用。关于具体排检方法的原理和方法,在每部字典、词典的序言或凡例中,对该书所采用的排检方法都作详细介绍,并举出实例说明,是学习掌握排检方法的好教材,使用时不要忽视。

　　第三,要掌握查找基本功。俗话说,熟能生巧。当我们了解了各种字典、词典的性质,内容和用途,熟悉了排检方法以后,就要求掌握查找字典、词典的基本功。这种基本功,有经验的同志把它归纳为"六定六查"。也就是说,我们对所需查找的疑难问题,首先应该弄清楚该查哪种、哪类,哪一字典、词典,该查书的哪一章哪一节哪一目,这种定种、定类、定书、定章、定节、定目的过程就叫做"六定过程"。定了以后接着就要查,所以这种六定过程,实即六定六查的过程。

没有围墙的大学——百科全书

在日常生活中,我们常常听到人们把知识渊博的人比喻为"百科全书"。伟大的革命导师马克思在赞扬恩格斯时,也曾用"他真是一部百科全书"的比喻,赞扬恩格斯那广博而精深的才学。由此可见,在某种意义上讲,它是知识渊博的代名词。实际上,百科全书与其它图书不同,它是人类知识的总汇。它的根本特点就是包罗万象,包括的知识门类齐全。它的内容上自天文,下至地理,旁及社会生活、科学技术、文化教育,举凡人类的知识、世上的学问,无所不收。因此,人们把它与千百种字典、辞典、手册、年鉴等工具书进行比较之后,把百科全书冠予工具书之"王"的称号。由于百科全书博采群书,兼收并蓄,人们可以根据需要从中学到不同学科的知识,因而人们还赞誉百科全书为"没有围墙的大学"。

百科全书的历史,源远流长。据研究,具有百科全书性质的工具书,早在奴隶社会就已出现。公元前一世纪的古罗马学者瓦罗的文集《学科》,被认为是最早的百科全书之一。它共有九册,分类提供了有关七艺(指"三学"——文法、逻辑学和修辞学,"四术"——算术、几何、天文和音乐)、医药和建筑学方面的资料。可惜原书已佚,有关内容是靠其它书籍的引文流传下来的。

"百科全书"一词,起源于希腊文,原意是"普遍知识范围"。但正式"百科全书"一词,据说是中世纪寄居法国的德国学者斯卡列哲编著的《百科全书,或神与世俗知识概要》开始采用的。而更为名副其实的,却是德国阿斯特德于一六三〇年出版的《百科全书》。这时,百科全书的概念,随着科学的发展和人类知识的加深,已发生了很大的变化,其含义则是"诸科学词之总汇"或"知识分类概要"。

在我国,百科全书性质的著作,称为"类书"。类书所采辑的资料包括历史事实、名物制度、成语典故、诗赋文章、名词解释,其内容之丰富,材料之广泛,列古代各类文史工具书之首。今天查考史实,查找成语典故、诗词出处,搜集资料或校勘、辑佚古籍时,类书仍不失为有一定参考价值的工具书。

我国的类书具有悠久的历史。据研究,汉代虽然还没有正式的类书,但《淮南子内外篇》已经"采诸子之精粹,纳之部类",被推为类书的雏形。魏时曹丕组织刘劭等人编撰的《皇览》(已佚)则被人们公认为我国的第一部类书,迄今已有一千七百多年了。北齐祖珽编纂的《修文殿御览》(已佚)、唐宋的《初学记》、《北堂书钞》、《艺文类聚》、《册府元龟》、《太平御览》、《太平广记》、《文苑英华》等,都是相当著名的类书。明解缙等撰《永乐大典》和清陈梦雷等撰《古今图书集成》两部大类书,均在万卷以上,字数不下亿字,规模比现代世界上最大的百科全书还大。

现代意义的百科全书是以词典形式编排的。它对各种科学文化知识给予系统完备的解释,是概括人类一切知识和实践活动领域基本资料的科学论述。它从内容到形式的正式确定,则是以十八世纪法国资产阶级革命的先驱人物、大哲学家、思想家狄德罗和达兰贝尔主编的《百科全书,或科学、艺术和工艺详解词典》为发端的。该书于一七八〇年最后完成,共三十五卷,被誉为百科全书编纂史上的重大里程碑。在狄德罗看来,"百科全书,旨在收集天下学问,举其概要,陈于世人面前,并传之于后世,俾世代先人的劳动成果,不致淹没无存……"狄德罗主编的百科全书是现代意义百科全书中最早而且最有世界影响的一部。以狄德罗和达兰贝尔为代表的"百科全书派"也被人们推崇为现代百科全书的奠基者。

中国古代的类书，虽然与现代意义的百科全书不完全相同，但专家们还是认为中国的类书"荟萃成言，裒（音 póu）次故事，兼收众籍，不主一家，区以部类，条分件系，利寻检，资采掇，以待应时取给者"。它包含了百科全书的概述性、汇编性、分类性和检索性等几个特点。因此，它在实际上已是各个时代名副其实的百科全书，只不过还不是现代意义的百科全书罢了。我国的类书作为百科全书，久已为各国学术界所重视。享百科"权威"之称的《英国百科全书》在介绍我国百科全书时，就列举了我国魏及隋唐以至近代的百科全书不下二十七种之多。其他各国《百科全书》，也都有所引述。这些国家列举的虽不尽精确，但可见国外学术界对我国编纂的百科全书的传统是很重视的。遗憾的是我国编纂的百科全书的传统，由于历史的原因，未能发扬光大。不过，在粉碎"四人帮"以后，我国科学文化事业已迎来了新的春天，编纂现代《中国大百科全书》（80 卷左右）的工作目前正在紧张地进行中。该书包括自然科学和工程技术部分，社会科学部分，此外还有全部条目的笔划索引和分析索引。其中《天文学》一卷已经出版。

百科全书是用一定的阶级立场、观点有系统地阐述各学科知识的总汇。但它毕竟还是工具书，是供人们寻检查阅，"去疑解惑"用的，而不是专著。它又与辞书不同，在解释范围上，辞书以解释单字和复词为主，也收部分事物名称，而百科全书不是以词的释义训诂为主，它是以概念为对象，概述各种知识领域、各个学科、人、事、物的现象、本质、历史、发展和现状以及彼此之间的关系。这里所说的"概述"，是相对专著而言。在解释程度上，辞书仅作简要的一般性的解释，偶有注明资料出处，而百科全书则作完整、系统且较详细的解释，还附有推荐书目。实际上，百科全书中的条目，依其概念内涵深浅、题面宽窄，在撰写份量上，差别是很大的。最短的条目仅有百余字，而最长的条目达到几十万字。在使用价值上,辞书仅有一般性的解答功用,而百科全书除能获得知识外,还有指导学习的作用。这是因为百科全书的辞条,是根据各学科的研究对象和范围及其发展的原委和成就,作较全面的、系统的、详尽的解释。一般还附有参考文献,为指导读者作进一步深入研究提供了线索。这不但具有一般解答疑难获得系统知识的功用,还兼有指导学习和推荐各书的教育意义。

现代百科全书经过近一、二百年的发展,无论内容还是形式都发生了巨大的变化。百科全书依其所收范围可分为两类:一类综合性的百科全书,其内容包括对一切学科部门知识的解释;一类是专科性百科全书,其内容包括对某一学科领域内的全部知识的解释,如历史百科全书、哲学百科全书、科技百科全书和人物传记百科全书等等。百科全书依其份量多少,可分为大(型)百科全书(一般在二十卷以上)、小(型)百科全书(一般在二十卷以下)和百科辞典三类。

国外的百科全书,自十八世纪以来进入一个大发展时期。影响最大、被西方奉为百科"范本"的是《英国百科全书》(也译作《大不列颠百科全书》)。我国过去习惯称为《大英百科全书》。该书最初于一七六八——一七七一年在苏格兰爱丁堡出版,凡三卷。后由美英合作编辑出版。最近出第十五版,凡三十卷。该书自诩为"百科全书的一次革命"。新版的"革命",在于把全书分成三个部分,各有单独的书名:《百科类目》(又名《知识纲要》)一卷,为全书的详细分类索引并附有类目内容的简述;《百科简编》(又名《参见和索引》)十卷,收一万零二百个条目,份量相当于百科辞典;《百科详编》(又名《知识深义》)十九卷,收四千零七个条目,条目最长的达到四十多万字。全书约合中文五、六千万字,绘制黑白和彩色插图二万四千幅。其它,如德国的《布洛克豪斯大百科全书》(十五卷)和《迈耶百科词典》(二十五卷)、《美国百科全书》都有不同的特点。此外,法国的《拉鲁斯百科全书》(凡二十卷)和日本平凡社的《世界大百科事典》以及《苏联大百科全书》都是颇有影响的百科全书。

一部百科全书,内容极其丰富,范围十分广大,确实是人类知识的总汇。对于这种全面介绍各科文化科学知识的大型参考工具书,应当怎样利用它呢? 人们的实践经验告诉我们,要利用它,就应该了解它的内容特点和查找方法。具体讲,要利用它,就应该注意下列几点:

一是出版者。因为出版者的声誉和经验,往往是判断百科全书质量的条件之一。著名出版家所出版的图书,出版态度一般都是严肃的。因而,在内容和形式方面,一般都比较好些。

二是出版期。人类社会的发展、科学的进步,一日千里,日新月异。因此,百科全书所反映的内容总是落后于现实生活的。但是新出版的百科全书,总比旧版的百科全书为好。因为它所反映的内容更接近于现实生活。在利用百科全书时,应尽可能采用新版本。

三是编辑者。百科全书的编著者一般也是对各学科造诣较深的专门家。因此,往往可以从各篇论文的执笔者的水平反映出一部百科全书质量高低。在利用它时,只要了解了编著者,也可以从一个侧面判断其论文的价值和质量。比如:我们了解《卡尔·马克思》是列宁所撰,那自然可以相信,其价值并非一般。

四是排列。百科全书自十八世纪以来,在编制方法上有过很大的变化。过去主要采用分类编排法,而今主要采用字顺编排法。为了向读者提供更多的检索途径,往往编制有各种索引等辅助工具。在使用时,要注意从书中的序言或说明里了解具体的查找方法,以便用最快的速度查找到所需的条目。

地球的一面镜子——地图

地球——人类的摇篮,它是人们生活居住的地方。地球上下,气象万千,天文地理,包罗万象,它是人们熟悉的地方。但人们最熟悉的还是地表现象。地表的现象主要指自然现象和社会现象两个方面。自然现象,一般包括海陆的分布与形状、地壳的构造、地形的高低、气候的变化、山脉河流的配列、生物的分布等等;社会现象一般包括人类经济的活动、居民的稀稠、物产的分布、交通的情况、疆域政区等等。地图就是地表现象全部或一部分的缩影。它是根据一定的数学法则为地球表面的景物和现象以符号编绘于平面上的图样。它是反映全世界或一国一地的各种自然和社会现象的地理分布与联系,解决阅读中的空间概念的一种重要的参考工具。

摊开一张中华人民共和国地图来看,在我们的伟大祖国的领土上,既有许多迂回曲折的河流、富饶的湖泊,浩森的海洋,也有高耸入云的群山和一望无际的平原,还有那星罗棋布的城市和村镇……。区区地图,却能使我们对社会主义祖国的面貌有一个概括的了解。确实,地图的功用就其所解决的空间概念来说,是文字说明根本不具备的。任何文字说明,即使它十分巧妙,也不可能像地图那样,给读者呈现出一幅鲜明的图画,表示出分布在地球表面上的无数事物和景象以及它们之间的联系,甚至我们在报纸杂志上常见的简略的地图,对了解某种现象来说,也比许多文字解说要优越的多。地图的这种独特作用,使它成为人类在研究和改造地球表面不可缺少的一种工具。在我国,古人读书早就有"左图右史"的说法,可见地图这一工具自古以来就为读者所用。今天,我们使用地图这种工具,不仅能够帮助我们了解伟大祖国辽阔的疆域及其历史沿革,而且对国家政治、经济、军事、科学、文化、教育都有极其重要的意义。

地图作为地球的一面镜子,它的作用是多方面的。

在经济建设方面,为了了解地区,利用自然资源,合理地管理经济,我们必须切实地了解地球表面、构造、矿产、水系、土壤、植物、动物和气候等。任何工程的勘测或实施,都要求具有科学基础的各种地图作为技术上、计划上的依据。比如铁路或公路的勘测与施工,就要求有详尽的地形图来衡量地面的坡度,或给出路线的剖面图来决定路线的取舍。

在国防上,军事地图所起的作用,自古以来,尽人皆知。由于地图在国防、军事上的作用如此重要,人们还把它比作"军队的眼睛"。事实上,疆界的确定,必须有精确的地图,就是国与国之间的边界谈判,也离不开历史地图。作战、行军、屯兵、战术和战略行动,更需要精确的军用地图。参谋人员和指挥员,是一时一刻也不能离开地图的。

在科学研究和文化建设上,地图的作用也具有特殊的意义。人们清楚地懂得,在地理教学和历史教学中,为了提高教学效果,必须善于运用地图;对于地理学的研究,地图更像一面镜子,它能任意地缩小所研究的物体,因而能同时观察任何大小的区域。地图好像能把地球置于人们眼前,一目了然整个世界的全貌。科学技术发展的现代水平,还不可能从实地上去直接或同时观察广大空间的真形,但可以用研究地图来代替,这是十分经济,而且在任何条件下都可以实现的。因此,人们把地图看作是地理学研究的一个先决条件。

此外,我们在学习政治、历史、研究国际关系,以及学习时势时,也往往离不开地图。

地图的起源很早。据研究,现在世界上所发现的最早的地图,是从巴比伦城北 320 公里加苏尔古城发掘出来的一块陶片上所刻的图。图上绘有山脉、四个城市和流入海洋的河流,表示着巴比伦时代的世界。按照考古学家的研究,这幅地图是公元前 2500 年的作品。在我国据考古学家研究,长沙马王堆第三号墓的三幅绘在帛上的地图,是我国现存最早的地图。从这三幅地图上可以看出,那时已有"区域图"、"驻军分布图"和"县城平面图"了。

随着人类社会的不断发展,地图已经成为多种科学文化工作者所经常使用的重要参考工具。人们为了更好地研究和利用地图,还将种类繁多的地图进行了科学分类。在一般情况下,地图是按照比例尺的大小、用途的不同和内容区别来进行分类的。

(一)根据地图的比例,可以按比值大小分为大比例尺、中比例尺和小比例尺等三种地图。大比例尺的地图是根据测量结果绘制而成的。图上的要素大多能给出它实际的外形,它的大小也要符合地图的比例。中比例尺或小比例尺的地图多是按照大比例尺图缩绘而成。大比例尺图表示多种地貌非常详尽,故一般军用地图、经济地图均用大比例尺。小比例尺不能详尽地表示各种地物,但能让读者得到一个综合的概念,故一般教学用途多采用它。

(二)按照地图的功用,地图可分为教学用图、科学参考用图、经济建设用图、交通运输图、军用国防图等。一般地说,我们从地图的名称就能区分出地图的不同作用和种类。

(三)根据内容的不同,地图可分为普通地图和专门地图两种。普通地图一般都绘出河流、湖泊、城镇等各种有形的地理要素,而并不把任何一个要素过分地突出。普通地图根据内容的区别,还可以分为地形图和一览图两种。专门地图则是在普通地图的基础上,把地理要素中或把地理现象中某一个或两个特征突出地显示出来,并且具有某种专门特点的地图。专门地图按内容的不同又可分为自然地理图,社会经济图和专业技术图等三大类。自然地理图一般包括气象图、水文图、地质图、土壤图、植物图等;社会经济图一般包括经济图、行政区划图、人口分布图、历史地图等;专业技术图一般包括工程技术设计图、航空图、航海图等。

虽然地图是一切经济建设,科学研究以及文化教育等工作的必要工具,但如果不会使用它,不能理解地图上所表示的内容,那地图就失去了效用。人们认为,真正善于利用地图的人往往会有"读图如读书"的感觉。

读图,对于一个有经验的地理专业工作者来说并不困难,但对于一个初学的人来说,只有经过多次读图的锻炼和实践以后,才能提高读图的能力。

首先,要求我们认真研究地图的图式或图例,因为从图式或图例中,可以获得许多地图知识。懂得了图式或图例的意义,读图就能迅速顺利进行。图式或图例指的是地图集的前页或图幅的边缘把各种表示地物地形的惯用符号加以简要说明的文字及符号。图例(或图式)中采用的符号一般可分为社会经济符号(如行政区划、居民点、都市、交通路线),土壤植被符号(如各种特殊的地形及其高低起伏)、地形符号(如高低平原),水文符号(如湖泊、河流、海洋)等。好的图例或图式,简单明了,通俗易懂,能将地面事物综合,扼要、全面、具体地反映出来,充分表现出地理事物的地理特征,给人明确的印象。

其次,要善于利用比例尺。所谓比例尺,就是把地球面积缩小时,地图上的长度与地表实际长度之间所保持的一定的比例关系。由于比例尺代表地图缩小的倍数,因此又叫缩尺。了解了比例尺的意义,我们就可以知道这张地图代表地面范围的大小和缩小的程度。例如某一幅地图上的比例尺为1:500000,那么,如果地图上甲乙两地间的距离是一公分,而甲乙两地在地面上的实际距离就是5公里。

如果用公式来表示,则比例尺 = $\dfrac{图上距离}{实际距离}$

或:图上距离 = 实际距离 × 比例尺;

实际距离 = 图上距离 ÷ 比例尺。

比例尺缩小的倍数一律都是整数。如缩小一千倍、五千倍、一万倍、二万五千倍、五万倍等。

地图的比例尺,一般在左下角或右下角等地方,其表示方法一般有下列几种:

一是文字式,如:1 公分代表 10 公里;

二是等号式,如:1 公分 = 10 公里;

三是分数式,如:1 /500,000(分子表示地图上的距离,分母表示地面实际距离);

四是图尺式,如:

```
       0   500   1000  1500   2000 公里
      ▨▨▨▨|      |▨▨▨▨|      |
```

(图上一厘米代表 500 公里,可在图上量出地上的实际距离)。

各种比例尺,它的分子都写成 1,而分母就是一个整数,我们在读图时,就可以通过比例尺量出地面的实际距离。

最后,还要熟悉地图的性质、内容和用途。前面谈到地图的种类是多种多样的,就我们看书学习、生产、科研的需要来说,却是因人而异的。不同的需要应该查找不同的地图。为此,就要求我们尽可能多地熟悉各种地图的性质、内容和用途。比如《中华人民共和国地图集》(地图出版社编制出版,1972 年第 1 版),包括"祖国在世界上的位置"、"中国政区"和"中国地形"图以及省市区分图。每一省市区绘有地形、政区两图,颇为详细,对于查阅各省、市、自治区中的居民点、河流、湖泊、蓄洪区、海洋、海峡、港湾、井、泉、水库、岛屿、沙洲、珊瑚礁、山脉、山峰、山口关隘、地理区域、地区等地理知识具有重要的指导作用。

又如,《世界地图集》(地图出版社编制出版,1972 年版),首先列出图例,地球一般知识,按世界各地区各国收录了八十五幅图。其中包括"世界地形"、"世界政区"以及分洲、分地区、分国图,地区补充图三级。每图后附说明文字,简要介绍各国和地区的概貌、居民、自然环境、自然资源、经济概况、重要城市等项内容。地图集后附有计量单位换算表,其中包括量制、衡制、长度、面积、温度等。可供查阅世界地名和学习世界地理之用。

此外,还有许多用途专一的地图,如《中国地理沿革图》、《中国历史地图集》、《世界古代史地图》、《世界中世纪史地图》、《世界近代史地图》和各种专业地图,这些都是我们看书学习和生产科研过程中必不可少的参考工具。

读书的门径与益友——书目

书目是历史上出现最早并且使用最为普遍的一种检索工具。作为世界四大文明古国的中国,我们的祖先留下了大量的宝贵的书目财富。远在西汉时代,刘向、刘歆父子编著的《七略》、《别录》,被称为我国第一部正式的书目;班固所著《汉书·艺文志》则是现存的重要书目文献;尔后,各个历史朝代都有著名的书目问世,各种书目层出不穷,不可胜数。其中私人书目最著名的有阮孝绪的《七录》、王俭的《今书七志》、晁公武的《郡斋读书志》、陈振孙的《直斋书录解题》、郑樵的《通志·艺文略》、马端临的《文献通考·经籍考》等;国家书目最著名的有唐代毋煚、韦述等撰的《群书四部录》、宋代欧阳修、王尧臣等撰的《崇文总目》、清代乾隆皇帝敕撰的《四库全书总目提要》等。此外,还有大量的佛道书目和各种专科书目。随着人类文明的发展,目录也由简到繁,由低级到高级,逐步地发展成为种类繁多的检索体系。面对种类繁多的书目资料,是否都要求掌握呢? 当然不是的。然而,对于广大读者和科技工作者来说,着重熟悉和了解下列几种类型的目录,却是十分重要的。

1.国家书目　这是对一个国家出版的全部图书所作的登记统计性的书目,可以反映一个国家的文化、科学和出版事业的水平。国家书目所列图书基本上是不进行挑选的,既包括社会科学方面的书籍,也包括自然科学方面的书籍,可以说是包罗万象,杂采旁收,因而是比较完备的。世界上许多国家都出版国家书目。像我国古代出版的《艺文志》、《经籍志》和《四库全书总目提要》等都是属于此类,而《全国总书目》和《全国新书目》就是我国解放后出版的国家书目的一种类型。通过国家书目,可以掌握一个国家的图书出版全貌和各门学科的发展情况。但是,由于国家书目的加工出版时间较长,因而反映情况的速度是比较慢的。不过,这并不失去它的主要优点,就是完备和可靠。

2.出版社与书店目录　这是报导书刊出版情况比较及时的书目。其中一些重要的出版社和书店目录,往往可以根据其经营出版的特色,获得有关门类的新书刊的出版情报。目前,许多国外书商和出版商,免费赠送的这种书目数量很多,我国许多图书馆都有这种书目,读者可以加以利用,作为了解掌握国外文献的一种渠道。我国新华书店与图书进口公司所发行的新书与影印的征订目录,或者新书预告、出版消息等,均报导了国内外正在付印和现期发行的书刊。由于这类书目是赶在书籍出版的前面,因此,利用这种目录,可以及时了解某个主题或学科发展的动态,并建议图书馆及时预订,迅速获得有参考价值的图书。

3.馆藏目录　它是指图书馆和情报部门的文献馆、资料室等对本单位实际入藏的书刊、文献资料全面登统的一种书本式目录。馆藏目录与出版社、书店的目录相比,也有其本身的特点:一是它不仅包括从市场上采购来的公开发行的出版物,而且也包括用交换,征集等方法得到的非卖品图书文献资料(如内部出版物和反映交换的出版物）；二是它不仅包括现期发行的新书刊,而且包括一定历史时期累积起来的全部资料。了解这些特点,对于全面广泛地研究和检索有关文献是非常重要的。

4.联合目录　它是汇总若干图书馆或其它收藏单位所藏文献的目录。它的作用是把分散在各处的藏书,从目录上联成一体,从而为充分发挥图书馆藏书的潜力,开展馆际互借和复制等创造了有利条件。从读者查找利用图书馆的图书文献的角度说,它可以免去读者分别查阅各馆藏书目录的麻烦,从而扩大图书文献取得的范围。我国各中心图书馆委员会和各地区图书馆协作委员会,经过多年的努力,已编出了不少全国性和地区性的书刊联合目录,为读者检索图书文献资料提供了方便,也为建立全国图书情报检索中心做出了贡献。

5.专题文献目录　这是根据生产、科研和教学的迫切需要,围绕某些专门课题而编制的目录。它所收录的文献,不仅是馆藏文献资料,而且包括国内外书目资料所反映的文献线索。它是报导一定时期内各种文字、各种类型文献的检索工具。它能够为有关生产、科研、教学工作提供丰富的资料。由于这种目录选题较为专深,资料收录面广,因而特别适于对口读者利用。

6.书目的书目　书目的书目,顾名思义,这是检索书目资料的检索工具。这种书目是将目录等书目资料,按照其类型或按其取材（报导）的学科范围,或按照文种排列起来,并附上简介,指出所收录书目资料的内容、特点和使用方法。如中国农业科学院情报资料室编的《农业文献检索工具书简介》等,就是这种书目。著名的《世界书目的书目》也是这种形式。

书目资料是图书文献的线索,是搜集资料的源泉,也是掌握文献的一个捷径。读者借助于书目资料,不仅能迅速地获得图书文献的线索,查找到适合需要的图书资料,而且还将顺利地打开通向图书世界的道路,使自己从科学的必然王国向自由王国前进的过程中获得更多的自由。

那么,作为一个读者,尤其是一个科技工作者应该具备哪些起码的目录学知识呢?一般地说,至少应该了解目录的类型、各类型目录的编制方法和特点;了解与本专业有关的目录有些什么、它们的使用对象、选录标准、编排体例等等;了解各书目的优点和缺点以及它们之间的相互联系。此外,还要注意从下列五个方面运用目录知识。这样,你就将会越来越深刻地体会到,目录确实是读书的门径与益友。

第一,利用目录知识查找资料。书目资料是查找资料的向导。如果具有比较丰富的目录知识,就可以较快较准确地选定书目工具,从中查到资料线索,然后顺藤摸瓜,获得自己所需要的原始文献;否则,就将事倍功半,浪费很多时间。

第二,利用目录知识记录资料。人们认为阅读而不作记录,则为过眼云烟,稍纵即逝;记录而不得当,则庞杂疏漏,价值不大。如具有目录知识,并善于利用目录学的一些方法,拿来记录所需文献资料,如作资料卡片,则将受益非浅。

第三,利用目录知识组织资料。实践证明,苦心搜集来的大量资料,若不按一定的系统科学地组织起来,犹如一堆废物,毫无用处;如果根据目录学的一些原理排列组织起来,就能使资料有条不紊,检取自如,为学习研究提供方便条件。

第四,利用目录学知识鉴别资料。目录学不仅研究如何更好地著录部次图书,更重要的在于更好地鉴别学术、宣传报导科学文献;书目文献不仅仅是一代图书资料的反映,而且本身就是科学研究的重要成果;因而,读者可以利用目录学知识和书目文献来鉴别文献资料的真伪、时代、价值。

第五,利用书目文献掌握科学动态。因为书目文献及时地报导了大量的图书资料,读者就可以直接通过书目资料及时掌握科学技术发展的动态。

当然,在具体利用书目资料时,还应注意了解书目资料的出版情况和图书馆的收藏情况,尤其要注意掌握与自己学习研究的学科有关的书目资料和具体的查找方法。这样,你就可以做到心中有数,并有明确的查找方向。

查找文献资料的向导——索引

什么叫索引?"索引"一词,来自英语 index,音译为"引得"。我国古代则称之为"通检"、"检目"、"备检"。它是选取书刊内容中一切可求之义,可治之名、可稽之数,如涉及的篇名、作者,以及语词文句、主题、人名、地名和所引用的参考文献等等项目,根据一定需要,通过分析、摘录,立为条目,注明来源出处,并按分类、字顺等排检方法加以编排,专供人们查检各种事物和问题的线索的检索工具。从利用图书馆的角度上说,善于利用索引这个检索工具查找文献资料,可以更好地利用图书馆的藏书。

索引的发展史虽不算长,但它的种类却是多种多样的:

如果按照检索文献资料的途径分,则有:

(一)按内容特征编制的:①分类索引。这是将文献资料按照专业分类来编排的检索工具,多为年度索引和多年度索引。如《清代文集篇目分类索引》和日本的《科学技术文献速报》的年度索引内的《项目索引》。②主题索引。这是利用文献资料的内容所研究的对象来检索文献资料的工具。如《马克思恩格斯全集主题索引》、《列宁全集索引》以及许多科技检索刊物所附的各种索引。

(二)按著者特征编制的"作者索引"、"团体(或集体)著者索引"(包括机构、公司名称索引等)。

(三)按号码特征编制的报告号、合同号、入藏号、专利号与专利对照号、标准号等索引。

（四）按特殊需要编制的：①书（篇）名索引（如《中国史学论文索引》、《中国古典文学研究论文索引》）；②人名索引（如《史记人名索引》、《二十五史人名索引》）；地名索引（如《中国地名索引》）；③科技期刊附录的辅助索引，诸如分子式索引、环系索引、杂环索引、船名索引、动植物名索引、农产品名索引、药名索引、商品名索引、产品名索引等。

以上四类索引，对于读者扩大思路和眼界，查全查准所需文献资料，其作用是明显的，可酌情选用，特别是按内容特征编制的索引，使用面广而普遍，是最重要的一种，不应忽视。

如果按照索引反映揭示的出版物类型分，则有：

（一）书籍索引。它附在书后或单独成书。这是专门揭示查找书籍内容的检索工具。如《二十四史传目引得》就是查找《二十四史》一书人物的重要工具。

（二）报纸索引。它多单独成书。这是专门揭示查找报纸上重要文献的检索工具。目前，全国重要的报纸都编制了这种索引。如《人民日报索引》、《天津日报索引》等。这些索引为读者查阅报纸上反映的文献资料提供了极大方便。

（三）期刊索引。它附载于本卷（册）期刊之后，或载于下卷（册）期刊之前。这是专为揭示查找期刊篇名的检索工具。这种索引普遍存在于各种期刊之中。此外，也有综合性的期刊索引，其收录内容不限于一种期刊。如原上海市报刊图书馆编印的《全国主要期刊资料索引》，就是一例。

（四）报刊资料索引。这是专为揭示查找各种报纸期刊文献资料的检索工具。这种索引收录内容丰富，是读者查找全国主要报刊文献资料的重要工具。如《全国主要报刊资料索引》，就是属于这种性质的索引。

以上各类索引，对于读者来说，确实是查找利用各种书籍、报纸和期刊文献内容的向导,善于利用则可节时省力,收到事半功倍之效。

如果按照索引的形态分,则有：

（一）卡片式索引；

（二）书本式索引；

（三）期刊式索引；

（四）附录式索引（附于书籍或期刊中）。

如果按照索引的编制方法分,则有：

（一）分类索引；

（二）用于著者或篇名的字顺索引。

索引的特点,集中地表现为它能将散见于不同图书、报纸、期刊等出版物中的各种内容,分门别类地反映揭示出来,使读者免去从头翻检的时间,可以迅速准确地查找利用文献资料,从而,可以更加充分地发挥图书、报纸、期刊的作用,提高工作效率。但是,索引不是一种供人们阅读的书籍。它并不能直接提供参考材料,它只是向人们指明查找参考材料的途径,指出某项文献资料的出处,以开阔人们的视野和思路。借助于索引的指引,人们可以"按图索骥",获得"隐藏"在文献海洋中的知识宝藏。由于索引具有这种特殊作用,因而人们把它比喻为查找文献资料的向导。

当我们在学习、工作、生产研究中需要阅读文件或各类书刊资料时,总免不了会碰到其中引用的古代典籍中的成语、典故、或引用革命导师的语录,或引用某项数据和公式,因而需要查找它的原文以及它的注释,碰到这种情况该怎么办呢？方法不外乎二种:一是下笨功夫,二是利用工具。下笨功夫,只好拿起某部书来从头查起。这样做,不但浪费时间精力,有时还可能一滑过眼,造成漏检,翻到底也找不到,最后还得返工。实际上,在文化典籍急剧增长,科学情报大量涌现的今天,无论是谁,当他遇到疑难问题时,也是不能凡事都从头查起的。因此,为了解决学习、工作、生产、科研中碰到的各种疑难问题,既快又准地获得所需文献资料,可以求助于"索引"这一类工具书,先从索引中找到它的准确出处,然后查阅原书原刊。

实际上,索引和前面提到的目录工作是极其相似的。但是它们也有重要的区别。一般说来,目录所揭示的是一个完整的出版物,如一种图书、一种期刊、一种报纸、一篇科技报告、一份标准等。而索引所反映的却是一个完整出版物中的某一部分、某一观点、某一知识单元。例如,揭示期刊中所刊载的论文的论文索引,就不同于期刊的目录,揭示某一图书中的各方面内容的图书内容索引就不同于图书的目录。相对地说来,索引揭示文献内容比目录更为深入和细致。所以索引法的运用比目录更为广泛。在不少目录、文摘甚至索引本身的正文后面,往往都附有辅助索引。这种辅助索引,主要是将正文中的各条著录款目,根据需要,按照与正文不同的排检方法重新组织起来,让人们从别的途径去检索所需文献。从而提高了整个检索工具的使用价值。

索引如此重要,那我们应该怎样去利用它呢？这里也有个方法问题：

首先,要了解索引的类型,出版情况和性质特点。也就是说,要知道有哪些索引可以利用;要知道自己所利用的索引是综合性的,还是专题的;是分类的,还是主题的;它们各自解决什么问题,是提供哪一范围的读者使用的。这些问题都需要事先搞清楚。这样,当你需要查找某项文献资料时,就能迅速确定应利用哪类、哪种索引,从而做到方向明确,有的放矢。

其次,要熟悉索引的排检方法。如果知道索引内容项目的排列方法,也就掌握了索引的查找方法。一般讲,索引的排列方法主要是两种:一是分类排列法;二是字顺排列法。按分类排列的索引,如《全国报刊索引》(月刊)所收录的报刊资料按"马克思主义、列宁主义、毛泽东思想"、"中国"、"国际"、"自然科学"四部分,二十二个大类编排。利用本索引查找资料时,可从查"分类目录"入手,按类查找,顺藤摸瓜。对于分类索引的利用,主要是了解它的分类体系和纲目;按字顺排列的索引,数量较多,各种篇名、地名、人名、物名,几乎无一不是按字顺排的。当然,由于汉字排检方法的复杂性,各种索引所采用的排列方法也是各不相同的。有的采用汉语拼音字母排检法;如《列宁全集索引》(第1–35卷上册)是主题索引,其主题的大题就是按主题关键词的汉语拼音字母顺序排列的;有的采用笔画笔顺排检法,如《马克思恩格斯全集主题索引》的大题就是按笔画和起笔顺序排列的;有的采用四角号码排检法,如《二十五史人名索引》的人名是按四角号码法编排的,只要知道四角号码,就可以查阅这本索引;诸如此类,不胜枚举。

第三,要善于利用索引书中的说明和附录。一般地说,凡是单独成书的索引,都编写了一篇简明扼要的序言,以说明:①编制的目的和使用对象;②文献资料收录的范围;③文献资料的排列顺序和方法;④文献资料著录的格式等内容。这些对读者来说是必须了解的。另外,有许多索引都编排不同名目的辅助索引,以帮助读者在不熟悉索引的主要排检方法时,同样可以通过其它途径查检索引收录的文献资料。对此,读者更应善于利用。

文献资料的精粹——文摘

所谓文摘,顾名思义,就是文章摘要。它以简明扼要的文字摘录文献资料的主要内容,是系统报导、积累和检索文献资料的主要工具。因此,人们称文摘为文献资料的精粹。科学技术情报界和科学技术工作者,往往以出版文摘的数量、质量、速度、摘储率、索引深度等指标,作为衡量一个国家情报工作与文献工作水平的尺度。

究竟什么是文摘？请看录自《机械制造文摘　焊接分册》1980年第1期刊登的80 10 22号文摘就清楚了。这条文摘包括文摘编号、中文题目、作者姓名、期刊名称、年、卷、期、起止页码和文种，以及文章摘要和摘录人姓名等。

80 10 22　有生气的组织形式——职工期待着什么——（応和俊雄），《溶接技术》。

1979，27，Na 2，63－68（日文）

文章谈到，一个人在企业里，要想充分发挥自己的才能，首先要对自己工作的目的、社会意义及其重要性，有足够的认识。对于一个焊条厂来说，如果让工人去参观一下造船厂和建设现场，看看焊条是怎样使用的，就会加深对自己工作的认识和责任感，就会自觉地意识到"工作不能马虎"。为了充分调动和发挥职工的才能，企业领导要知道职工在期待着什么。本文作者在任焊条厂厂长时的做法是：保持工资稳定，注意改善工作环境，通过参观访问，使职工加强对业务重要性的认识，对职工轮换进行多工种教育，加强焊接技术训练。工厂设有意见箱，并对所提意见及时做出明确答复。采取上述措施后，该厂生产率、合格率大幅度提高。图2幅。

（王金满摘）

从上列文摘中可以看出，文摘和书目、索引在形式和内容上都有许多相似之处。因此，人们往往把文摘看成是书目、索引的进一步发展。实际上，文摘作为检索工具的核心，还是有它自己的特点。首先，文摘的目的是以简明扼要的文字真实地报导原始论文的主要内容。因此，在文字上言简意明，在内容上一针见血，一般不进行评论；其次，文摘的主要对象是多学科的工作者。因此，文摘中一般不反映本学科人所共知的知识，所反映的都是新知识、新工艺、新设备、新产品；第三，文摘都注明来源出处，便于读者查阅原文。所以，由于文摘既反映资料来源，又直接介绍文献内容，因而通过文摘既可查找文献，又可简要地了解文献的内容。这样，文摘就具有了检索和直接报导原始文献的主要内容的能力。文摘的特点,归结到一点,也就在于它是把某一学科或某一专题的最重要的最新的科学著作或学术论文,经过挑选之后,以简练的文字将其主要内容摘录出来,使科学技术工作者能以较少的时间与精力,掌握有关文献的现状及其基本内容,了解本专业的发展水平和最新成就,从而吸取和利用别人已有的工作成果,避免无意义的重复劳动,并取得生产、科研和教学的主动权。

实际上,文摘的作用是十分明显的。它的作用,集中地表现在可以节约查阅文献资料的时间和精力。众所周知,由于当前科学技术日新月异的发展,科技情报资料文献不但出版的范围广,而且发行的数量多,因而出现所谓"出版污染"、"资料危机"。一个科研人员,在本专业范围内,过去只要涉猎几种、十几种与本专业有关的文献刊物,就基本上可以掌握本专业的国内外动态。而今世界上出版的文献资料其数量是惊人的,仅期刊一项大约就有五万五千余种,有价值的也不少于一万余种。同时,由于边缘科学的发展,新学科的不断派生和出现,科学技术相互渗透、各种专业相互交叉的情况十分突出。据估计,现在某一专业的文章,至少有三分之一出现在非本专业的刊物上。而对数量庞大,而且互相渗透、彼此交叉的文献资料,查找确实不易,阅读更觉困难。例如,据估计,浏览一下世界上一年内发表的有关化学论文和著作,一个专家每周花四十个小时也得阅读四十八年。有人还作过这样的对比统计,关于石油炼制方面的文献,如果每年发表一万二千多篇,研究人员以平均三十分钟阅读一篇的速度计算,要用两年半的时间才能读完。但是,如果把这些文献作成每条一百到二百字的文摘,那么每分钟就可阅读两条文摘。一万二千多条文摘,只要十二天多的时间就可读完。也就是说,用十二天多的时间就可掌握这一年发表的全部文献的概貌。虽然阅读文摘不能完全代替阅读原文,但是通过阅读来选读原文就比较准确和省事,可以避免科技工作者在查找和选择文献资料上的大量时间和精力。另外,文摘对于没有阅读外文能力和掌握语种不多的人来说,更是掌握国外文献资料的重要的途径。

文摘根据摘要的详简和粗细程度,可分为"指示性文摘"和"报告性文摘"两种。"指示性文摘"也称简介,又称题录,它用几句话来介绍文献资料的主要内容,报导具体内容不多。实际上,它是对标题的补充说明,主要交待论文探讨问题的范围与目的,以使读者对论文不产生误解为原则。此种文摘的字数一般限制在60－70个字(西文则以30个词为限)。"报告性文摘"则要作到基本上反映原始文献创造性部分的全部内容。它摘录的内容一般包括文章讨论的范围与目的、基本观点、方法、设备、推论、结论、数据、参考文献、图表等,最后还要著上摘要人姓名。这种文摘文字较长,介绍详细,其文字一般为400－500字(西文则为200个词),必要时甚至可以增至1000－2000字(西文500－1000个词)。读者阅读这种文摘,在一般情况下,甚至可以不读原文,即可决定文献资料的取舍,从而节约查阅文献资料的时间。

文摘出版的基本形式是期刊。由于它的作用明显,出版及时,因而极受读者欢迎。随着科学技术的发展,世界文摘杂志的增长也十分迅速。据了解,在本世纪初,全世界仅有二十种文摘杂志,而目前据不完全统计,全世界公开发行的就有一千八百多种。我国是书目资料发展源远流长的国家。据研究,我国古代书目中的提要就是现代文摘的前身。不过,现代概念的文摘杂志的出版在我国却是从1956年开始的。1961年以前,我国出版的文摘杂志,基本上以翻译文摘为主,从1961年起开始了自编文摘的工作。以后翻译文摘与自编文摘两者混排。1963年共出文摘27种76个分册,全年报导量32万条,自编文摘比例加大,到1964年我国出版的文摘杂志已达30种101个分册。年报导量36万条。"文化大革命"后,中国科技情报所重庆分所等单位开始恢复编辑出版各种文摘杂志。我国文摘杂志基本上是属于科技范畴的,并且以报导国外文献为主。但是,从 1979 年起,《新华月报·文摘版》(现改称《新华文摘》)问世,从而开创了社科文摘的先例。继之,《青年文摘》等也相继问世,为读者提供了新的学习园地。

文摘对于了解科技发展动态,掌握专业基本情况,查找专业文献资料的作用是十分明显的。我们必须充分重视它和利用它。但是,我们对世界上所有的文摘杂志完全收集,一览无遗也是不必要的。实际上是不可能的。因为文摘杂志数量太多,各种文摘杂志之间,内容的重复和交叉也很大,全面掌握,极其困难。在实际使用中,从大的范围上说,我们只要收集利用几十种或一、二百种主要文摘杂志,就基本上可以掌握全世界包括各个学科、各种文字的科技文献。对于个人来说,要想了解本专业的发展状况,掌握本专业的文献资料,只要收集利用几种有代表性的文摘杂志,就基本上可以满足需要。因此,在从事生产、科研和教学的过程中,为了更好地利用文摘杂志,首先要了解国内外文摘杂志出版的基本情况,并且掌握各种文摘杂志的性质和特点,从而确定哪些文摘杂志可以经常利用。当代,法国的《文摘通报》(Bulletin Signal' etique),日本的《科学技术文献速报》和苏联的《文摘杂志》(Реферативный Журнал)被称为世界三大综合性文摘。美国的《化学文摘》(Chemical Abstracts),《生物学文摘》(Biological Abstracts)和英国的《科学文摘》(Science Abstracts),则是世界上著名的三大专业性文摘。我国出版的科技文摘刊物,有《分析化学文摘》、《固体力学文摘》、《机械制造文摘》、《农学文摘》、《半导体文摘》和各种专利文摘等数十种。

在了解各种文摘杂志的基础上,则要熟悉文摘杂志的结构内容和利用方法。一般地说,各种文摘杂志都包括编辑出版说明,正文和附录的索引和收录期刊的目录等项内容。每条文摘的著录形式,则包括文摘编号、题目、作者姓名、期刊名称及年、卷、期、起止页码（文种）和摘要，以及摘录人姓名等。文摘多按篇报导，一条文摘报导一篇论文。文摘多按类编排，并有文摘编号，一个编号代表一条文摘。此外，为了提供尽可能多的检索途径，提高文摘的引得深度，使得读者从各个角度都能检索到有关文献，许多文摘杂志，特别是那些国外出版的文摘杂志，都附有各种索引，如主题索引、关键词索引、著者索引、报告号索引、专利号索引、著者所属地区索引、化合物分子式索引、环系索引、杂原子索引、化合物登记号索引、生物分类索引以及各门专利对照表等等。各种索引除附录于各期文摘杂志之外，有的还另编有本卷、年度、五年、十年的累积本。如果读者善于利用这些索引，则将为查找文献资料带来极大的方便。

怎样查找利用工具书

查找利用工具书的过程，实际上是一个调查研究、分析问题、解决问题的过程。为了迅速地解决学习或研究工作中碰到的疑难问题，充分地利用图书馆收藏的工具书，一般地说，应该具备以下几个方面的知识或技能。

第一，要了解图书馆收藏、借阅工具书的基本情况。首先要通过图书馆藏书目录或其它方法，了解图书馆收藏了哪些工具书？有哪些工具书是受到好评的？其中有哪些工具书可以供自己使用？等等。其次要了解工具书在图书馆藏书中是如何分类的。一般地说，工具书多数属于内容庞杂、类无专属，无法按某一学科内容性质分类的"综合性图书"。在图书分类法中，这类"综合性图书"一般都是作为一个基本部类处理的。其中各类型工具书都在该类中占有自己的特殊地位。比如在各图书馆普遍使用的《中国图书馆图书分类法》中，大家熟悉的各种综合性工具书都排列在 Z

类（综合性图书）。其中百科全书、类书的类号是 Z2,辞典的类号是 Z3,年鉴、年刊的类号是 Z5,目录、文摘、索引的类号是 Z8。了解了各类型工具书的分类情况,就为利用分类目录查找工具书创造了条件。再次是要了解图书馆借阅工具书基本方式和制度。也就是说,要知道图书馆怎样为读者提供工具书? 允许读者外借,还是只许读者在馆内查阅? 是否设置专门的工具书阅览室? 如此等等,作为起码的常识,对于读者利用图书馆的工具书来说,都是非常必要的。

第二,要求了解工具书的性质、特点和用途。也就是说,要充分利用工具书,就要弄明白每种工具书是属于哪种类型的工具书? 它有什么样的用处? 它是提供什么资料的? 从而做到碰到什么问题,就能查阅什么工具书,这样才不致在工具书面前望书兴叹,不知所措。此外,为了充分利用工具书,还必须对它的性质有一个正确的认识,进而提高自己的鉴别能力。正如《中文工具书简介》(北京大学 1978 年 9 月出版)一书的编者所指出的那样,工具书"就思想内容来说,一般的综合性和社会科学方面的工具书,总是有一定政治倾向的,我们应注意分析、鉴别;就知识性、资料性来说,任何工具书都不会完美无缺,我们不应迷信它,也不应盲目照抄书中的资料,要注意核对,去粗取精,去伪存真。那些旧时代编撰的工具书,如仍有参考价值,当然不应拒绝使用,但要取其精华,弃其糟粕,做到古为今用。同时,还应看到工具书的作用并不是万能的,不是什么资料都可以查到,还要借助于其它参考书,才能做到详细地占有材料"。

第三,要熟悉和掌握工具书的排检方法。所谓工具书的排检法,就是将工具书的所有条目,按照一定的规则排列成系统,能够区分每一个条目的次第,从而方便检索的一种方法。从编排的角度讲,叫排列法;从使用的角度讲,叫检索法;结合起来,就称为工具书排检法。工具书的类型多种多样,其排检方法也因书而异。

一般地说,工具书所采用的排检方法,不外下列几种类型:

字序法　一般又可分为形序和音序两类。其中形序则包括部首排检法、笔形排检法、笔数排检法和号码排检法四种;音序则包括汉语拼音音序排检法、注音字母音序排检法和声韵顺序排检法等三种。

分类法　我国古代一般采用"四部分类法"(即经子史集四部);近代、现代则采用各种新的学科分类法,如本书附录一、二、三所介绍的中外主要图书分类法。

主题法　这是按照一定的主题名称的顺序进行排检的方法。它可以围绕主题广泛组织材料,为从事研究工作的读者提供某一主题范围的文献资料。

时序法　这是一种按照事物发生、发展的时间顺序进行组织材料的方法。读者可循时间先后查得所需文献资料,如历史年表等。

地序法　这是按照事物产生的地域进行排检的方法。读者可以按地区查找文献资料,如地图等。

在具体的工具书中,对排检方法的运用往往是以一种排检方法为主,同时辅之以其它方法。这样,就为读者从不同的角度,运用其中一种方法查找问题提供了方便条件。为了提高利用工具书的效率,读者可以通过细读工具书的凡例等,逐步熟悉、掌握工具书的排检方法。

第四,要勤于思考,多查多问。也就是说,为了提高利用工具书的效率,要多想、多查、多问。

首先是"想"。所谓"眉头一皱,计上心来",说的就是"想",或者是"思考"。当您需要查找工具书的时候,一定要通过自己的脑子好好地想一想,弄清楚自己要查找的是什么问题,有什么工具书可利用,可以通过哪些途径去查找,查找文献时应该采用哪种方法,具体步骤如何安排,等等。总之,要通过想,通过思考,理出个头绪来,然后才可以进行具体的查找。

其次是"查"。实践出真知。正如毛泽东同志所说的那样:"任何人要认识事物,除了同那个事物接触,即生活于(实践于)那个事物的环境中,是没有法子解决的。……你要有知识,你就得参加变革现实的实践。你要知道梨的滋味,你就得变革梨子,亲口吃一吃。"(《实践论》)查找工具书也一样,要经常地不断地去实践,才能练就一套行之有效的查找方法。俗话说:"熟能生巧"。只要我们舍得花气力,多查多练,经过比较长期的查找工具书的实践,您就会真正体会到"山穷水复疑无路,柳暗花明又一村"的乐趣。

再次是"问"。如果我们有了一个明确的查找目的和范围,对工具书及查找的方法、步骤又十分了解和熟悉,再加上仔细地进行了分析研究,一般说来,查找工具书的事情是很容易办妥的。但是,有时候也会碰到理不出头绪来的时候,因而不知道究竟应该如何下手。这时没有别的办法,只好以甘当小学生的精神,以能者为师,去请教图书馆、情报工作者,因为他们最清楚工具书的性质、作用,最熟悉解决疑难问题的基本方法和步骤,也最有查找工具书的实践经验。因此,只要您不耻下问,他们多少都能给您帮点忙,指引您去挖掘那宝贵的知识宝藏。当然,您也可以带着问题去请教那些不说话的老师——各种介绍工具书使用法的专门书籍。它们同样会为您指出解决疑难问题的方法。

第六章　怎样检索文献资料

做任何事情都要讲究方法，方法对头，才有可能顺利完成任务。法国十七世纪杰出的数学家、哲学家和科学方法论者笛卡尔曾经说过："最有价值的知识是关于方法的知识。"这句话的教益是颇为深刻的。学习和研究是劳动，而劳动是讲究效率的。同一个老师教出来的学生学业水平不同，如果排除个人智力本身的差异和努力程度的因素，恐怕最能起作用的就是方法了。

据说柏林图书馆大门口写着这样一句话："这里是人类知识的宝库，如果你掌握它的钥匙的话，那么全部知识都是你的。"由此看来，要想充分利用图书馆的知识宝藏，使自己成为文献资料的主人，善于掌握和运用检索文献资料的钥匙就显得格外重要了。因此，我们想从下面五个方面谈谈怎样检索文献资料的问题。

检索文献资料的重要意义

关于"文献"的意义，古今理解不同。过去人们如何理解，姑且不论。但在今天，人们认为：凡是人类知识用文字、图形、符号、声频、视频等手段记录下来的，有长远历史价值和当前实用价值的东西，可以统称为文献。

所谓"检索文献资料"，在图书情报工作中一般指文献资料的查找,就是从汇集的文献资料中,选出既定需要的文献资料的操作过程。这些文献资料可能是有关某一主题,某一科研项目、课题,从开始有文献记录以来的全部文献资料,这些文献资料可以是一个图书馆、几个图书馆或某地区范围所入藏的、或某一种或几种文种的;有时检索的问题也可能是文献中的论点、数据、公式、图表,也可能是某一事物(事件)发表的时间、地点和过程,或是文献的作者、年代出处、收藏地点。概括起来,检索的对象主要包括文献、数据和事实。

文献资料是学习和研究工作的基础。没有文献资料就无法进行学习和研究。各个学习和研究工作都将根据我们搜集到的文献资料来进行。文献资料越丰富、越适应需要,学习和研究工作成功的可能性就越大。

实际上,任何科学技术的发明创造,都需要经验、材料和理论的不断积累。任何学习和研究工作都要从现有的基础出发,继承前人或同辈在这个问题上所获得的宝贵成绩,接受他们成功或失败的经验教训。正如马克思所指出的:"研究必须充分地占有材料,分析它的各种发展形式,探寻这些形式的内在联系。只有这项工作完成以后,现实的运动才能适当地叙述出来。"

今天,随着科学技术在深度与广度上的飞跃发展,加上印刷技术和印刷材料的不断革新,使得各种文献资料特别是科学文献不仅在数量上,而且在类型上都以惊人的速度增长。据统计,1971年全世界图书产量为 50 万种,总册数为 70－80 亿左右;1950－1970 年的 20 年间,图书品种增加一倍,平均每一分钟就有一种新书问世。目前大约有期刊 55,000 种,每年以五、六十种语言发表 300－500 万篇论文,20 年内新增期刊达 22 万种以上,并且每年以 4—5% 的速度增加。同时,科技文献文种多样,内容重复、交叉严重,新陈代替频繁,兼之科研课题日趋专门化,这些新的发展趋势都使我们要从浩如烟海的文献资料中,迅速准确地检出与课题有关或对课题有用的文献,带来了新的困难,甚至带来了极大的麻烦,这就要求我们非讲究检索文献资料的方法不可。据美国和日本六十年代的一个统计:一个科研人员,在他的科研活动中,思考时间占7.7%,实验研究占32.1%,写报告时间占9.3%,总共只占49.1%。这就是说,仅为翻检文献资料就耗去了科学工作者一半的有效生命。由此看来,对于读者特别是科研工作者来说,熟练掌握文献资料的查找方法,对于提高工作效率、充分利用图书馆藏书、都是具有重要意义的事情。

在现实生活中,由于查阅资料不全,对本学科研究的历史、现状和发展趋势不能全面掌握,因而出现"第二次发现"和"撞车"事件,并造成物力、人力和时间的巨大浪费的事情是屡见不鲜的。据美国的一份研究报告透露,由于对政府及国际研究计划的了解不够,"致使研究工作重复,每年浪费2亿美元"。美国某一联合企业就曾因重复他人劳动,白白耗去五年时间和五十万美元的巨资。在图书情报部门还流传这样一个有趣的故事:美国某轧钢厂的一位化学家曾对该厂的图书管理员说,他们花了一万美元完成了一系列实践,并解决了一个问题。而这个图书管理员告诉他,图书馆藏有一份德国人的报告,表明德国人已经研究过这个课题,而且得出了相类似的结论,而得到这项报告只需花五美元。这种情况的出现当然有多方面的原因,但未能准确及时有效地查阅文献资料是其中的一个重要方面。不过我们也能从中得到一点启示:查阅科技文献就能获得开展科学研究的情报,就能避免重复前人的实践,节约大量的人力、物力和财力,而且可以加速科学研究的速度。

当然,要及时有效地全面查阅文献资料是不容易的。据说美国一工业界人士就很遗憾地表示,要花十万美元搞一项研究工作,比去发现以前是否有人搞过还要便宜。面对文献检索工作困难,有人说:"现代人站在喜马拉雅山似的书库面前,就像在巨大的砂砾堆里寻找金砂的采金者。"然而,正如人们常说的那样,"有志者、事竟成"，"得法者事半功倍"。只要我们充分认识文献检索对获得科研情报的重要意义，同时又能及时了解文献资料的发展趋势，掌握和运用文献检索的方法，就能够变死书为活书，化书刊为情报，就能够用最少的时间和精力，掌握前人和别人已经取得的经验和成果，从而大大地扩大自己的视野，把一切有用的情报收集起来，为我所用。

检索文献资料的主要工具

检索工具是人们用以积累和查找文献线索的手段。它具有存贮和检索两个方面的职能。一方面，它能将有关文献的特点著录下来，形成一条条的文献线索，并将它们按一定的方法排列起来，以供检索，这就是文献的存贮过程；另一方面，它又能提供一定的检索途径，使人们按照一定的检索方法查出所需要的文献线索，这就是文献的检索过程。检索工具的存贮和检索这两方面的职能，拿通俗的话说，一是放进去，一是拿出来。因此，检索工具能够将分散的、无组织的大量文献线索集中起来，组织起来，累积起来，以供人们现在和今后按照自己的要求，从检索系统中检出符合检索要求的文献资料。广大读者通过检索工具这把"钥匙"，就能打开文献资料的宝库，从中得到所需文献的线索，进而取得原始文献，大大缩短查找资料的时间，以便拿出更多的时间，更大的精力去从事学习和研究。所以，为了广、快、精、准地查找和利用各种文献资料，就必须了解检索工具的类型，熟悉检索工具的出版形式，掌握国内外一些常用检索工具的特点作用和使用方法。

检索工具的种类繁多。从检索手段分，可以分为手工检索工具和机械检索工具两大门类；从出版形式分，又可以分为卡片式，书本式(包括期刊式、单卷式和附录式三种),磁带式和缩微制品等;从著录的内容分,还可以分为目录、索引、文摘三大类型。下面介绍的,仅限于人们常用的检索工具。

一、国内版检索工具选介

在检索工具体系中,特别是科技文献检索工具体系中,占主要部分的检索工具就是检索刊物。在我国,已经逐步建立与发展了具有我国特色的,比较完整的检索刊物体系。据统计,自1973年检索性刊物开始复刊以来,全国图书、情报、出版部门,先后编辑了50多种报导国内外图书、期刊、资料的检索性刊物,其中包括:

(一)查找国内文献资料的工具

1. 检索图书的工具——《全国总书目》和《全国新书目》。

《全国总书目》是综合性统计登记书目,是根据全国各出版单位向版本图书馆缴送的出版物样本编成的资料性工具书。它除反映我国正式出版单位出版的公开发行的图书外,也反映一部分内部发行的图书,基本上反映了我国图书出版的概况,是检索图书的主要检索工具。

《全国新书目》是及时报导全国新书出版情况的刊物,它与《全国总书目》是相辅而行的。前者的职能在于及时报导,而后者是前者的累积本。它们统一由版本图书馆编辑。

2. 检索公开期刊论文的工具——《全国报刊索引》。

《全国报刊索引》的前身是山东省图书馆编印的《全国主要期刊重要资料索引》(季刊,1951——1954年)。后由上海市报刊图书馆接替编辑《全国主要期刊资料索引》,从收录范围和引用期刊种数上都有了扩大和增加。1956年又扩大内容,增收报纸资料,并改名《全国主要报刊资料索引》。1959年上海市报刊图书馆并入上海图书馆,此索引由上海图书馆继续编辑出版。1966年10

月——1973年9月期间停刊,1973年起复刊。

3. 检索内部期刊论文的工具——《国内内部期刊索引》和《内部期刊篇名目录》。

内部期刊数量多,变化大,不易全面掌握。目前,内部期刊论文的检索工具主要有两种:

一是中国科学技术情报研究所编辑、科学技术文献出版社出版的《国内内部期刊索引》(月刊)。它收录的都是中国科技情报所的馆藏内部期刊。由于该所收藏较为丰富,索引报导较为及时,因此具有全国性的意义。

二是湖北省科技情报所编印的《内部期刊篇名目录》(年刊)。该刊按工、农、医分别编辑出版。所收录的内部期刊达二千多种。虽然该刊因编辑加工时间长而不能及时出版,但由于是年卷本,查阅起来比较方便,是检索内部刊物篇名的重要工具。

4. 检索内部资料的工具——《国内科技资料目录》。

各种内部资料,记载着我国广大科技工作者和工农兵群众在四化建设中所取得的成果和经验,反映了我国科学技术的水平,是学习和研究工作的重要参考资料。据统计,各种内部资料,仅上海科技情报所收集的数量,一年就达两万多件。

查找内部资料的主要工具,是中国科技情报所编辑的双月刊《国内科技资料目录》,该刊1967年前刊名为《中文内部科技资料目录》,1968年停刊,1969年复刊。该刊报导的是中国科技情报所收藏的国内内部资料和部分科技期刊论文,按分类编排。

此外,还有中国科技情报所重庆分所编的《国内科技资料目录》,上海科技情报所编的《中文科技资料目录》,中国科学院图书馆编的《馆藏内部资料目录》等。对读者检索内部资料都有一定作用。

5. 检索译文资料的工具——《科学技术译文通报》。

《科学技术译文通报》以题录形式报导中国科学技术情报研

究所组织代译的译文和国内一些科研生产与情报单位提供的未经公开发表的译文,包括英、俄、法、德、日、波、捷、罗、匈、意、西班牙等文种文献的译文。每期《通报》按分类排列,年度和多年度累积本按主题排列,检索起来较为方便,是查找利用国外文献资料的重要工具。

6. 其它检索工具。

检索国内的文献资料的工具,还有一些科技文摘刊物,如《机械制造文摘》、《半导体文摘》、《冶金文摘》、《农学文摘》、《畜牧兽医文摘》等,都可以作为查找国内科技文献的工具。此外,我国许多图书馆和情报单位编印的各种专题目录和索引,对于查找有关文献资料都有帮助,应注意使用。

(二)查找国外文献资料的工具

我们在学习和研究工作中,经常需要参阅各种国外文献资料。这些文献资料的查找,就我国目前的状况说,主要是通过自编的中文检索工具和国外编印的外文检索工具来解决。这些检索工具主要包括下列几个类型:

1. 检索国外各类型资料的工具——《科技文摘》。

《科技文摘》是由中国科技情报重庆所编辑的。专供检索国外各类型资料的重要检索工具。该文摘是按类编排和检索的,使用方法比较简单。查找范围也比较宽,整套刊物包括了下列十二个方面的专题:

①分析化学文摘(月刊)

②固体力学文摘(月刊)

③机械制造文摘(月刊)(包括部分国内资料)

④地质文摘(双月刊)

⑤化工机械文摘(双月刊)

⑥微生物学文摘(双月刊)

⑦农学文摘(双月刊)(包括部分国内资料)

⑧畜牧兽医文摘(双月刊)(包括部分国内资料)

⑨植物病理学文摘(季刊)

⑩冶金文摘(共四个分册)(月刊)(包括部分国内资料)

⑪通用机械文摘(双月刊)

⑫半导体文摘(月刊)(包括部分国内资料)

此外,还有宁波市科技情报站编辑的《医学文摘》。北京分析仪器研究所编辑的《分析仪器文摘》(不定期)。

2. 检索国外期刊资料的工具——《国外科技资料索引》

《国外科技资料索引》收录的范围主要是国外期刊中的重要科技资料。该索引是由中国科技情报所重庆分所编辑的,共分五个分册:

①数学

②无线电

③物理

④电工

⑤矿业

3. 检索国外科技报告、会议文献、政府出版物的工具——《国外科技资料馆藏目录》、《国外科技资料目录》。

《国际科技资料馆藏目录》是中国科技情报所编印的,共分十六个分册出版:①数学、力学;②物理学;③化学、化工、石油;④生物学;⑤地质学;⑥矿业、冶金;⑦机械制造;⑧动力工程与电工;⑨无线电电子学与自动化技术;⑩农业、林业、水产;(11)核子能;(12)轻工、纺织;(13)医学;(14)建筑、水力工程;(15)航空;(16)环境污染与保护。

《国外科技资料目录》则是由科技文献出版社出版的检索工具,该刊共分七个分册:①公路运输;②铁路运输;③水路运输;④地理学;⑤计量技术;⑥核子能;⑦建筑、水利工程。

这两套目录所报导的科技报告,以我国有入藏者为限。目录按照《中国图书资料分类法》编排,每件报告题目均有中文翻译,并有索取号,因此便于为不熟悉外文的读者查阅,并且查到了线索即可向有关部门借阅报告的原件。

4. 检索国外专利资料的工具——《专利文摘》、《专利目录》。

《专利文摘》(季刊)是由科学技术文献出版社编印的,包括四个专题:①农药(包括国外期刊);②石油;③原子能;④船舶(附图)。

《专利目录》(季刊),也是由科学技术文献出版社编印的,共分十五个专题:①土木、建筑;②通用机械;③药物;④化工工艺和设备;⑤有机、无机合成和染料;⑥食品、去垢剂;⑦机械加工;⑧工程部件;⑨塑料和聚合物;⑩塑料和聚合物的应用;⑪纺织;⑫造纸与皮革;⑬电工与电子技术;⑭无机材料,电子材料;⑮农业机械(由新华书店发行)。

上述文摘和目录均按分类排列,同类不再按专利国别排列。因此只能从分类途径查找。

此外,中国科技情报所编印的专利专题索引,如《化学纤维》、《人类金刚石》、《电子计算机》、《勘探、采矿与加工》、《涤纶片基》、《半导体》等,上海科技情报所编印的《电镀专利文摘》和《国外冶金专利文摘》,以及有些部门编印的专利专题累积索引,如《国外玻璃工业专利索引(1956—1969)》等等。都是检索国外专利文献的重要参考工具。

5. 检索国外标准的工具——《国外标准资料报导》。

《国外标准资料报导》(月刊)是中国科学技术情报所为方便我国读者检索国外标准而编辑的。该刊每月报导中国科技情报所标准馆所入藏的国外标准资料,按国别与标准种类排列,标准名称全部译成中文。同时该刊还刊登"国外标准译文题录",报导国外标准的译文,大大方便了读者对国外标准资料的查找。

此外,中国科技情报所编辑的《国外标准资料概况》一书,也是了解和检索国外标准资料的重要工具,应注意利用。

6. 检索国外报刊的工具——《国外报刊目录》(第四版),是1975年由中国图书进出口公司编印的。这是一种有分类本和分国本的目录,共选编一百三十八个国家和地区的报刊共17,644种,其中报纸475种,期刊17,169种,共分230个类目,包括哲学、社会科学、自然科学和应用科学,是国内收录国外报刊最多的一种目录。该目录对每种报刊的著录也比较全面,著录项目有刊号、刊名、文别、版本、创作年代、出版发行或编辑机构、期数、开本和篇幅、订价、译名、内容简介等。除正文外,还有品种分类统计等十个附表,是读者了解国外报刊的重要参考工具。

7. 检索国外图书的工具——《北京图书馆外文新书通报》。
《北京图书馆外文新书通报》(双月刊),顾名思义,是专门报导北京图书馆新入藏的外文新书的。该刊有下列分册:①自然科学部分;②生物、医学、农业部分;③工业技术部分;④联合国出版物部分等。

此外,我国各系统大、中型图书馆和科技情报单位还编印了大量的检索国外文献资料的文摘、索引和目录,读者在查找国外文献资料时要注意利用。

二、国外版检索工具选介

检索国外文献资料,除利用我国自编的中文检索工具外,还应利用外国编印的外文检索工具。国外的文献检索工具,其数量是相当大的,仅以期刊形式出版的科技文献检索工具为例,其数量就达一千五百多种。如果要了解这一千多种国外检索刊物的状况,可参阅中国科技情报所1973年出版的《国外科技文献检索工具书简介》一书。该书简介了国外用英、俄、法、德、日五种文字出版的期刊式检索工具1,138种。读者利用国外出版的外文检索工具书查找文献资料,由于文字的隔阂,困难是很大的。从学习和研究工作的实际需要看,虽然不必全部掌握这一千多种检索工具,但是尽可能多地掌握那些与自己学习研究的课题有关的外文检索工具还是十分必要的,特别是那些人们公认的有实用价值的检索工具,更应该想办法熟悉它、利用它。比如下列的一些检索刊物:

1. 美国《化学文摘》(Chemical Abstracts,简称 CA)。这是一种具有较悠久的历史,收录文献范围较广,报导速度较快,辅助索引体系完善,累积回溯工作较好,加之近年来实现了编辑工作自动化,因而是闻名于世的文摘杂志。

近年来,该刊摘用的期刊达一万二千多种,每年的文摘总数近四十万条。我们可以利用该刊查找国外化学及与化学有关的工农业——矿物、冶金、水泥、石油、塑料、橡胶、合成纤维、印染、涂料、农药、化肥、医药等等方面的文献资料。

2. 美国《生物学文摘》(Biological Abstracts,简称 BA)。该文摘是目前世界上有关生物学及其相邻学科的重要文摘之一。是检索生物学、农学、医学等"生命科学"方面文献资料的工具。

该刊近年来所摘录、报导的文献资料,主要包括①有关生物学、农学和生物医学的理论,以及来自试验室,临床和现场的原始材料;②生物学研究的新方法和新技术;③有关评论;④有关生物学、农学和医学的情报理论和方法等等。文献资料来源于世界上一百多个国家和地区的八千多种期刊和论文集、图书等,每年报导文摘达十四万多条以上。是质量较高、报导速度较快的一种检索工具。

3. 美国《科学文摘》(Science Abstracts)。该文摘是英国电气工程师学会编辑出版的一套文摘杂志。现分三个分册出版:①第一分册:物理文摘(Series A – Physics Abstracts,简称 PA),主要报导普通物理、数学物理、力学、流体、振动、波、声、光、热,电和磁、天体物理,地球物理、核子物理、原子和分子物理、物理化学和生物物理等专题的文献资料,年报导量达八万五千篇。②第二分册:电气与电子学文摘（Series B – Electrical & Electronics Abstracts，简称 EEA），主要报导普通电子学、线路和电子学、电子器件和材料、电磁学和通讯、仪器和专门应用、动力系统和应用等方面的资料，年报导量达四万篇。③第三分册：计算机与控制文摘（Series C—Computer&Control Abstracts，简称 CCA），主要报导系统和控制理论，控制技术，计算机程序和应用，计算机系统和设备等专题的文献资料，年报导量达二万五千篇左右。

4. 苏联《科技文摘杂志》（Реферативный Журнал 简称 Р.Ж.），该杂志是由全苏科学技术情报研究所统一编辑出版的成套文摘杂志，它按学科、专业划分为 26 种综合本（сводный том），147 种分册（выпуск）以及 46 种单卷本（отделъный выгуск）。该杂志搜集和报导的内容包括世界 131 个国家，用 66 种语言文字发表的各种类型科技文献资料，并收录了一部分未经发表的、收藏在苏联各科技情报所的手稿。该杂志虽然报导数字很慢，但收录报导的文献资料较多，摘要也较为详细，对于懂得俄文的读者来说，仍是一种重要的检索工具。

5. 日本《科学技术文献速报》（简称《速报》），该刊由日本科学技术情报中心（JICST）编辑出版，分别以十个分册发行：①物理、应用物理编；②工程一般、机械工程编；③外国化学、化学工业编；④电气工程编；⑤金属工程、矿山工程、地球科学编；⑥土木、建筑工程编；⑦经营管理编；⑧原子能、同位素、放射性利用编；⑨国内化学编（日本化学总览）；⑩环境公害编。

该刊是以指示性文摘（即简介）的形式报导世界近 60 个国家 20 多种文字的科学文献资料的检索工具，报导内容侧重于生产性文献，报导速度较快、报导文献多。据统计，1972 年引用期刊 7,800种（其中日本期刊 2,400 种，外国期刊 5,400 种），还有美、英、德等国的 20 余种科技报告和会议资料；1971 年报导文摘达四十一万四千四百条。该刊在我国是熟悉日文的读者喜欢利用的一种参考工具。

6.美国《伍利希国际期刊目录》(Ulrich's International Periodicals Directory),1973－74年,第十五版,纽约 Bowker 公司出版。

这是一本收录世界各国主要报刊目录,共收录报刊五万五千种,内容分为249类,各种报刊均著有国际标准期刊编号(ISSN),著录的项目有刊名、副刊名、创刊年、期数、订价、出版者、出版地以及内容等。这本目录是全世界目前收载期刊最多的一种,读者可以借助它来了解世界各国期刊的出版情况以及查对资料的来源。

此外,还有许多国外出版的外文检索工具,因篇幅所限,这里就不一一介绍了。

检索文献资料的基本途径

我们查找文献资料,总是从不同的角度提出需要的。查找的角度不同,所选择的检索途径和检索工具也就不同,其查找效果也就不一样。因此,当我们了解了查找文献资料的意义和查找文献资料的工具之后,还必须熟悉查找文献资料时可以采用的各种途径。

查找文献资料,总是根据文献资料的不同特征,从各个角度来查找的。文献资料的不同特征,指的是文献资料具有的外表和内容两个方面的特征。所谓外表特征,是指文献的篇名(书名)、著者姓名,文献序号(如科技报告号、技术标准号、专利号等)、文种、发表年月、出版地点等等;所谓内容特征,是指文献所研究的内容属于什么学科分支,新探讨的对象属于什么主题,文献中提到了哪些关键词,等等。各类型检索工具就是根据文献的形式和内容特征来组织的。读者根据不同的检索途径,也就是从不同的角度可以查找所需要的文献资料。一般说来,读者可以通过下列途径进行文献检索：

1. 书名途径——是根据书刊资料名称来查找文献资料的方法。这是把书名或文章的篇名按照字顺排列起来的检索系统。读者只要知道一书的书名或一篇文章的篇名，就可以通过书名目录或篇名索引查检。

2. 著者途径——是根据著者姓名来查找的途径。著者又分个人著者、团体著者，专利发明人、研究合同户、学术会议召集单位等等。如果从著者方式上看，编者、著者、作者、译者、纂者等都属于"著者"范畴。通过著者途径查找文献资料的工具，主要是著者目录或著者索引，机构索引等。这类目录索引和书名篇名目录、索引一样，也是按字顺编排的，在已知著者的前提下，也能很快地查到所需文献。

3. 分类途径——是按学利分类体系来查找文献资料的途径。这一途径是以知识体系为中心分类排检的，每一种书或每一篇文章，与其同类的书或文章，与其上下左右类别的书或文章，都有不可分割的联系——有许多共性的东西，因此，这种检索途径比较能体现学科系统性，反映学科与事物的隶属、派生与平行的关系，因而便于我们从学科所属范围来查找文献资料，并且可以起到"即类求书，因书究学"、"总观全貌"、"触类旁通"的作用。

从分类途径查找文献资料，主要是利用分类目录和分类索引。

4. 主题途径——是通过文献资料的研究对象，也就是通过反映文献资料内容的主题词等来检索文献资料的途径。由于主题法能集中反映一个主题的各方面的义献资料，因而便于读者对某一问题，某一事物和对象，作全面系统的研究。读者通过主题目录或索引，即可查到同一主题的文献资料。

5. 其它途径——检索文献资料，除通过上述四种主要途径外，还可以通过其它一些辅助的检索途径来查找文献资料。如号码途径、分子式途径、地名途径、药物名称途径等。这些途径，就是人们用来检索特种文献资料的特殊系统。

例如,专利、标准、科技报告等文献资料的序号,在检索中常常成为重要的依据。许多检索工具也以序号作为检索系统,如专利号索引、标准号索引、报告号索引和合同号索引等。这些索引都是按照数码顺序排列的。一般在数码前还冠有国别、机构的简称字母,成为字母与数码的混合序号,所以实际上是按字母——数码顺序排列的。

又如,分子式索引,它是化学化工专业检索工具所特有的一种辅助索引。它按化学元素符号的字母顺序和原子数目大小顺序排列。通过某一化合物的分子式,即可查出这一化合物的名称,从而使用主题索引查到该化合物的有关文献资料。

综上所述,检索文献资料的途径虽然可以概括为内容途径(如分类、主题)和形式途径(如书名、著者、号码),但具体的检索途径还是多种多样的。只要我们灵活运用各种检索途径,就可以收到省时省力,事半功倍的效果。

检索文献资料的常用方法

谈到方法问题,很自然地使我们想到毛泽东同志说过的一段名言:"我们的任务是过河,但是没有桥或没有船就不能过。不解决桥或船的问题,过河就是一句空话。不解决方法问题,任务也只是瞎说一顿。"读者为了完成查找文献资料的任务,同样需要解决方法问题。解决了方法问题,犹如获得了过河的船或桥一样重要。人们在长期的检索文献资料的实践中,摸索出了许多方法,但归纳起来,目前人们采用的基本方法不外乎下列三种:一是追溯法;二是常用法;三是分段法。现分别介绍如下:

（一）追溯法

所谓追溯法,就是一种以文章的作者在其文章后所附的参考文献为基础进行追踪查找的方法。由于这种方法不是利用检索工具,而是利用文献后所附的参考文献为线索逐个地进行跟踪查找,并且可以通过新发现的文章作者所附的参考文献去扩大查找范围,不断地追查下去,因此,人们又把它叫做跟踪追击法。这种查找方法就像滚雪球那样,随着"雪球"的滚动,所获得的文献就将越多。这种查找方法在没有检索工具或检索工具不齐全的情况下,可以获得一些必需的文献资料,因而受到读者的广泛应用。

在我国,作者在书后或文章后附录参考文献的还不多,因此,按追溯法所能查获的文献资料不够全面,数量也不会太多。然而,在外国文献资料中,作者在文章后附录参考文献却是司空见惯的事情。为了方便读者查找文献还编制有专供读者查找文献资料的"引文索引"(Citation Index)这种"引文索引"是从作者途径去查找引用该作者论文有关论文的一种索引,它是按照被引用论文的作者的姓名字顺排列的。在被引用论文之下,按年代列举了引用过这篇文章的全部论文的篇名和作者等。读者通过查阅这种索引,就可以知道某作者所写的某篇论文曾经被哪些人的哪些文章中引用过,并指出这些文章的出处。这种索引利用起来简单方便,只要知道一篇已有的论文,就可以通过这种索引,利用一篇论文为起点查找到引用这篇论文的最新论文。

美国费城科学情报研究所(Institude for Scientific Infomation)编辑出版的"科学引文索引"(Science Citation Index)就是属于这种引文索引。这种索引主要是通过作者的途径去查找文献资料。有关这种索引的情况和查找方法,可参阅《国外科技文献资料的检索》(中国科技情报所编)一书。

（二）常用法

所谓常用法,就是利用检索工具查找文献的方法。由于这种方法是目前人们最常用的检索方法,因此,叫做常用法或普通法。

利用常用法查找文献资料,要求读者明确查找的目的与范围;熟悉各类型检索工具的性质、作用和使用方法;熟悉各种检索途径,善于从不同角度查找文献资料。只有这样,才能广、快、精、准地查找到所需的文献资料。

利用检索工具查找文献资料,一般又可分为顺查和倒查两种方法。

顺查法,即由远而近的查找法。由远而近是一种追根寻源的方法,它特别适用于查找理论性和学术性的文献资料。如已知某项创造发明或研究课题最初产生的年代,现需了解它的全面情况,即可从最初的年代开始,通过有关的检索工具,一年一年地往近期查。这种查找法的特点是遗漏的可能性小,但费时间,需要的劳动量大,检索效率不很高。

倒查法,即由近而远的查找方法。由近而远,是先查当年的文献,以后逐年往前查找。采用这种方法查找文献资料时,由于新取得近期文献不仅反映了现在的水平,而且一般引用、论证和概述了早期的文献资料,因而可以了解有关课题早期发展情况。查找时,不必一年一年地查找到头,只要查得了所需文献资料,就适可而止。因此这种查找方法效率高、时间省。与顺查法相比,倒查法所获得的文献不如顺查法全面,因此,有可能遗漏了有用的文献资料。

（三）分段法

所谓分段法,也叫"循环法"或"混合法"。实际上是追溯法和常用法的综合。在查找文献资料时,既利用检索工具书刊查找文献资料,又利用文献资料后面所附的参考文献进行追溯,两种方法分期、分段地交替使用,循环不已,直到查找到所需文献资料为止。

对读者来说,利用分段法查找文献资料,较为方便可行,它能克服检索工具缺期的困难,保证连续地查得所需年限内的文献资料。比如,欲查找关于育种方面资料,通过检索工具《农业科技资料目录》可以查到《农业文摘》1979(7)1页上有综述,植物高光效育种,余彦波,后附27篇参考文献。并可发现其中一篇是《植物高光效原始材料选择》发表在《遗传与育种》杂志上,1976,3期。进而发现在这篇文章后,又附一批参考文献,这时,如果需要,又可以通过《农业文摘》等检索工具查到,直到满足需要为止。

上述三种方法,都是人们在长期的实践中摸索总结出来的。但在具体运用中,一般地说,在检索工具比较齐全的情况下,主要是采用"常用法"来查找文献资料,其它两种方法较少采用。

检索文献资料的一般步骤

检索文献资料是一项实践性很强的活动。俗话说:"熟能生巧。"只要我们舍得花气力,经过比较长期的查找文献资料的实践,我们就能逐步掌握文献检索的规律,使自己真正成为文献资料的主人。

一般说来,利用检索工具查找参考文献资料的工作实践,可以按下图所示步骤进行:

| 明确查找目的与要求 | → | 选择检索工具 | → | 确定检索途径和方法 | → | 根据文献线索,查阅原始文献 |

现分别介绍如下:

(1) 明确查找目的与要求

当你需要查找文献资料的时候,首先要求对所查找的课题进行一番分析研究,明确查找的目的和要求。比如,你是要取得具体的文献资料;还是要掌握某一地区或国家对某一问题发表过的文献资料;你是要查找某一年限内对某一问题发表过的文献资料,还是要获得有关某一问题从有文献记录以来的全部文献资料。如此等等都是在进行具体查找时必须首先弄清楚的。

(2) 选择检索工具

检索工具的选择,对于我们来说,面对门类繁多的检索工具,不可能也不必要利用所有的检索工具来查找文献资料。实际上,只要根据自己的条件,熟悉和掌握一小部分有关的检索工具,基本上就可以满足查找文献资料的要求。因此,要求我们尽可能地提高对检索工具的了解和熟悉程度。此外,在查找文献资料之前,要了解哪些检索工具中收录了与所查专题有关的文献资料,在哪些检索工具中该专题的文献资料比较丰富,哪些检索工具中选录的文献资料质量较高,等等。例如,现在要查泡沫塑料的文献资料,首先要了解各种检索工具所包括的学科大类范围内有无泡沫塑料或相关学科的类目,然后,再进一步定为查找对象。如果大范围内没有泡沫塑料或相关的学科的类目,就可以不去查找。如果初步选定的检索工具种类过多,无从下手,则可选几个综合性和几个专业性的检索工具进行试查,尔后再利用别的检索工具。不过,一般地说,在查找时,最好先利用综合性的,然后再利用专业性的。例如,欲查有关泡沫塑料方面的文献资料,可先利用化学文摘,因为这种文摘较全面地概括了化学方面的文献资料,然后再利用塑料文摘以补充其不足。

选择检索工具,除了考虑专业对口、文种熟悉外,还应注意它的内容质量,要看它是否收录文献全、报导速度快、分类编排细、摘录质量高、后附索引完备,等等。我们在查找文献之前,摸清了这些情况,就能做到心中有数,不致在查找时盲目使用检索工具。

(3) 确定检索途径和方法

查找文献资料,总是根据文献的特征,从各个角度来查找的,前面讲过,我们既可以从书名或篇名的途径查找,也可以从著者姓名的途径来查找;既可以从分类途径来查找,也可以从主题途径来查找;还可以从其它途径来查找。究竟采用哪个途径,在查找时要注意选择其中之一,或同时采用几个。

检索途径确定之后,则要准确地找出所需文献资料的检索标志。如果采用的是分类途径,就要确定所查找的课题所需要的文献资料在整个科学体系中的地位,在分类体系中是属于什么"类",它的"分类号码"是什么? 这样,就可以从分类的角度,利用有关检索工具查找到所需文献资料。如果采用的是主题途径,就要确定与所查的课题有关的词或词组,以及同义词、近义词,由此确定主题的标题、叙词、单元词、关键词等,然后利用有关检索工具进行查找。无论是确定分类标志,还是主题标志,都可以利用各种"分类法"(如《中国图书馆图书分类法》)和"主题词表"(如《汉语主题词表》)等工具书查考,或者借助于检索工具书所附的"类目表"、"目次表"或专用主题词表查考。如美国"工程索引"的"工程主题表"和"化学文摘"的"索引指南",都是指导我们选择主题词,使用主题索引的辅助工具。

在具体进行文献检索时,我们还要根据查找目的、范围的不同,选择采用不同的查找方法。例如,当没有检索工具或检索工具不齐全时,可采用"追溯法",借助于文章作者在文章末尾所附的参考文献,逐一跟踪查找。当检索工具比较齐全时,可采用"常用法",借助于各种检索工具,由远而近或由近而远地查找所需的文献资料。也可以采用"分段法",通过各种检索工具书和文章末尾所附的参考文献,去获得数量既多,质量又高的文献资料。

(4)根据文献线索,查阅原始文献

一般地讲,利用各种查找方法,通过不同的检索工具,我们就能查找到所需文献资料的线索。有时,只要获得了线索,如文摘提供的文献情况,就可以完成查找文献的工作了。如果确实感到还不能满足要求,而且确认所得的线索有一定参考价值时,就需要进一步了解和详细查阅原始文献资料。这种需要,在查找文献的过程中,是经常发生的。这时,我们就可以根据所掌握的线索,按照有关检索工具所指出的文献出处,分别到国内外有关图书馆或情报单位查阅,或通过通讯联系查询复制。

查阅原始文献资料的工作,可按下表所列步骤进行:

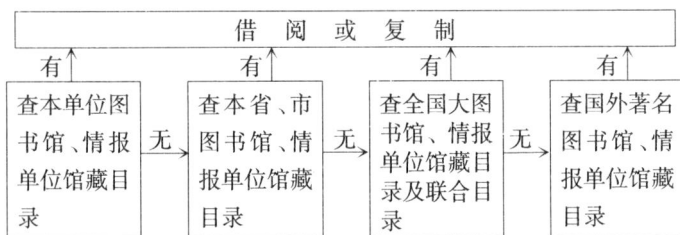

借 阅 或 复 制			
有 ↑	有 ↑	有 ↑	有 ↑
查本单位图书馆、情报单位馆藏目录 → 无	查本省、市图书馆、情报单位馆藏目录 → 无	查全国大图书馆、情报单位馆藏目录及联合目录 → 无	查国外著名图书馆、情报单位馆藏目录

在查阅具体的文献资料时,要由近而远,首先利用本单位,本地区图书馆和情报单位的馆藏目录查找所需文献资料。如本单位、本地区缺藏时,再利用全国图书、期刊联合目录,或各省、市、自治区图书馆、情报单位所编制的馆藏书刊资料目录,了解各馆收藏国内外文献资料的情况,如查获某馆已经收藏,即可通过个人函借

136

或馆际互借或复制,去获得原始文献。如果所需文献资料国内没有收藏,在必要时,也可通过国家图书馆或情报单位,通过馆际互借关系,向国外有关图书馆或情报单位借阅或复制。

第七章 怎样借阅图书报刊

有人说,"和图书馆接近,好像时时与朋友见面,能够经常和收藏丰富的图书馆取得联系,比交了一位忠诚而有见识的朋友还要幸福"。这确实是经验之谈,许多常年利用图书馆的老读者都有这种感受。和图书馆联系,目的是要利用图书馆,要借阅图书馆的书刊资料,提高自己的科学文化水平,增长知识和才干,更好地为四化建设服务。

为了帮助广大读者利用图书馆,我们在前几章介绍了图书馆的藏书、主要服务内容、怎样利用图书馆的目录和工具书,以及怎样检索文献资料等。那么,究竟怎样才能借到图书馆的图书报刊呢? 现在我们就来向大家谈谈有关这方面的问题。

怎样领取借阅证?

要借阅图书馆的图书报刊,首先要领取借书证和阅览证。一般地说,各种类型的图书馆都发放借阅证。当然,各馆因馆舍条件、藏书特点和数量、服务对象不完全相同,发放借阅证的种类、数量和范围也不相同。这里,我们主要介绍一下公共图书馆的读者领证办法。

借书证是把书借出馆外的凭证。凡是公共图书馆服务的对象,如工人、农民、军人、干部、教师、专家、工程技术人员,以及退休人员等,均可以凭工作证、户口册,或机关介绍信来馆办理领证手续。目前,许多省、市图书馆对普通中学生不发个人借书证,只能通过学校集体借书;而区、县图书馆对中学生则发一部分借书证。

普通阅览证是在馆内普通阅览室和报刊阅览室借阅书刊的凭证。有些馆,如北京图书馆目前已取消阅览证,只凭工作证就可在馆内阅览。馆内阅览的书刊,不得带出馆外,领取阅览证的手续,与领取借书证的手续相同。许多公共图书馆对中学生发放一部分阅览证。

专门阅览证,是在图书馆专门阅览室借阅书刊资料的凭证。一般有科技阅览证和文史阅览证两种。凡从事科学研究、技术改革的工程技术人员和技术工人,凭工作证或机关介绍信,均可领取科技阅览证。凡是从事文史研究的工作者、作家、翻译、编辑、记者及中学以上的文史教师,凭工作证或机关介绍信,均可领取文史阅览证。

集体借书证,是机关、团体向图书馆借书的凭证。各机关、工厂、学校、科研单位因工作需要,借阅书刊,可以持介绍信,派专人来馆申请领取集体借书证。每次借还图书须持此证办理手续。

当你领到了借阅证,取得了图书馆读者的资格以后,为了今后能够很好地利用图书馆,不妨可以在馆里参观游览一番,熟悉一下环境,看看他们公布的馆舍平面图,了解一下目录室、各种阅览室、外借处、书展室、复印室的位置,熟悉一下各部门办公室在什么地方。一个馆舍很大的图书馆,如果不预先明白它的布置,也许有好的阅览室我们不知道去利用。此外,还要了解借阅图书报刊的规章制度。如图书馆每天何时开馆、闭馆?哪些书刊可以借出馆外,哪些书刊只限在馆内阅览?到馆阅览书刊的手续怎样办?在阅览室中要遵守哪些规则?图书借出馆外怎样办理手续?一次可能借几种或多少册书?借书的时间有什么限制?过期如何处罚等等。

这些问题,读者可以从图书馆的阅览和借书的各种规章制度中去了解。

想在馆内阅读书刊怎样借法?

你要在图书馆内阅读书刊,须带阅览证,到馆里的内借处或报刊阅览室,凭证换座位证,查目录,填写索书条并交管理员取书。借到书刊后,对号入座阅览。馆内阅览的书刊报纸,均不准拿到馆外。还书时,管理员核对无误后把阅览证退还给你。阅览中外文图书、期刊、报纸的手续基本相同。

需要注意的是,填写索书条时一定要按要求填写,不要遗漏,不要写得太草。这样,既便于管理员取书,满足你的阅读需要,又可供图书馆做统计和研究读者阅读情况的参考。填写索书条的样式如下页图。

可以把书借回家去看吗?

你如果每天来馆看书感到不方便的话,可以把书借回家去。手续是凭借书证借书。外借图书也须查目录,写索书条并交管理员取书。书取出后,如确定要借,应检查此书是否完整无缺,然后把借书证和书一并交给管理员办理外借手续。管理员在书的最后一页贴着的期限表上注明应还日期后,把书交给你,方可把书拿出馆外。

外借图书一般每次可借一种,必要时可借两种,借期各馆不完全统一,有的要求一个月归还,有的二十天、十五天不等。到期看不完或因事、因病不能来馆还书,可通过口头、书面或电话申请办

O 64
HY

物理化学　　　上册

胡　英等编著　人民教育

1979.3

367 页　0.85 元

高等学校试用教材

○

×××图书馆
馆内阅览书刊索书单

姓名	王瀞	坐位号	17

索书号	书（刊）名
064 HY	物理化学　　上册 年　卷　期　册

1980 年 4 月 12 日

理续借一期。

　　需要注意的是,不要将期限表撕掉。如果遗失了期限表,在你还书时不仅给管理员带来许多麻烦,也会浪费你很多时间,甚至当天找不到你的借书证,影响你再借新书。当然,有的图书馆在书上并不贴期限表，还书日期是登在借书证上，但这种办法并不普遍。此外，要注意按期归还图书，如果你没有办理续借手续而过期，你就会受到管理员的批评，甚至要罚款或停止你借书。

怎样办理预约借书？

你如果因为生产、科研、教学急需借阅某种中外文书刊，而这种书刊已借出馆外，可向图书馆申请办理预约借书。

预约借书，须持个人或集体借书证，到借书处向管理员索要"预约单"或"预约图书通知"卡片，并认真填写。

凡预约的书到馆后，图书馆会通知你来馆取书。当你接到图书馆的通知后，要按照规定的时间到馆办理借书手续，过期不来取书，不予保留。

各馆的"预约单"不完全相同，有的是卡片式，有的是"通知单"，有的则是"登记簿"。但是，要求读者登记的项目大体相似。

怎样办理馆际借书？

读者因生产、科研、教学急需借阅图书馆没有入藏的书刊，可以向图书馆提出申请替你向其它大型图书馆办理馆际借书。一些国内图书馆没有入藏的外文图书资料，还可以委托北京图书馆办理国际馆际互借，或委托国外复制。

读者办理馆际借书，最好先查查联合目录，了解哪个馆有你急需的图书资料，然后须持本单位的集体借书证（如你单位没有领到集体借书证，经管理员同意也可凭单位介绍信）到图书馆集体借书处索取"馆际互借申请书"，并逐项填写清楚，加盖单位公章后,将"申请书"交给图书管理员。

图书馆接受了你的申请后,便替你与有关大型图书馆联系借书。侯借到你所需要的书刊后,就会立即通知你在指定的时间到馆办理借书手续。

需要特别注意的是:读者对于通过馆际借书的方式借到的书刊资料,要加倍爱护,决不能污损,更不能丢失,要保证按时归还,并遵守各项有关制度。

怎样办理文献资料复印手续?

你在生产、科研、教学中急需参考的文献资料,往往只是一本书中的一段论述、一个数据、一张图表、几页资料或成套出版物中的一篇文献。如果你所需要的书刊复本少,不能借出馆外或一时很难借到,即使你借到了这些资料又往往需要长期利用和参考,怎么办? 在这种情况下,你就可以向图书馆申请办理文献资料复印。

在一般的大型图书馆里,都承办文献复印业务。他们多采用静电复印、缩微照像和电子扫描(电刻法)等方法为读者复印文献资料。那么,究竟怎样办理文献资料复印手续呢? 具体办法是:

一、凡图书馆公开流通的中外文书刊,读者可凭单位介绍信或个人借阅证来馆办理复印手续;

二、凡不公开流通的书刊资料,非公开发行的印刷品、手稿,以及其它自备的资料,需持收藏单位同意复印证明,方可办埋复印手续;

三、在办理手续时,须向复印室的工作人员索取"委托复印单",按要求填写清楚后,交回复印室,等候取件;

四、复印资料一般当天取件,底片放大或复印页数较多者三天或一周取件。

文献资料复印速度快，价格便宜，有利生产、科研、教学，各馆欢迎读者利用复印设备。

怎样借阅科技参考资料？

一些大型图书馆为便利科学技术人员和文史研究人员来馆阅览，设有专门阅览室，室内陈列有各种中外文专门杂志和许多参考书籍、工具书，可以自由取阅、检索。没有领到专门阅览证的科研人员，因工作急需，也可凭单位介绍信临时入室阅览。

你如果不知道应该参考什么书，可以向图书馆说明研究项目并提出要求，图书馆可以代你查找有关图书，编成咨询书目，供你查询和参考。

凡承担市级或中央下达的科学研究重点项目的单位和生产部门，因科学研究和技术革新需要书刊资料，可与图书馆建立集体借书关系。有些省、市馆还专门设立科技部，派有专人为这些重点单位送书上门。当然，从全国范围看，能做到这一点的不多。

怎样取得图书馆员的帮助？

当你利用图书馆自修、深造或从事科学研究的时候，千万不要忽视取得图书馆员对你的帮助。一些大型公共图书馆的借阅部、社科部、科技部，以及高等院校图书馆、科技专业图书馆里，都有一些经过专门训练的、具有丰富经验的老馆员。他们对图书馆的藏书很熟悉，且具有相当水平的专业知识。遇事向他们询问，不仅可以对你在图书馆开始搜集资料的工作有所帮助，而且可能对你整个学习和研究生涯有所裨益。就你正在研究的课题向老馆员求教,不仅会得到好的建议、新的想法和线索,而且可能得到预想不到的收获。

读者大体可以在以下几个方面取得图书馆员的帮助:

一、怎样利用图书馆

我们初次认识了一个陌生的朋友,需要知道他的个人出身、经历、个性和爱好什么,有哪些特长等。对于一个初次见面的图书馆也是一样,要先对它有一番了解。把馆里的情况摸清之后,我们才能真正认识它,进而去接近它,利用它来帮助我们自学和从事科学研究。

在你刚刚和图书馆接近的时候,你不妨可以向图书馆员了解一下图书馆的性质、作用、方针、任务;还可以了解各种类型图书馆适用于哪些读者对象,能够解决什么问题;本地区内图书馆的分布和设置情况,了解该馆藏书范围、特点、数量、目录组织情况及怎样查找目录;了解图书馆读者服务工作的内容、方法和如何利用各借书处、阅览室的藏书;了解图书馆的借书方法和借书规则,如怎样领取借书证或阅览证、开馆时间、借书册数、借书期限、借书手续、特种借书方法等等。你还可以向馆员请教怎样使用古今中外的工具书,请求馆员回答你有关利用图书馆的一切问题。

一些老馆员很乐于和读者接触、谈心,他们会热情地帮助你解决在利用图书馆过程中所遇到的种种问题。

二、一般图书资料的咨询

读者因学习和工作需要借阅一般公开流通的中外文图书资料,但一时不知道应该参考什么书,或一时查不到时,可以向借阅部外借或阅览室提出咨询,请馆员帮助你获得正确的检索途径或帮助你代查代找。

读者向图书馆提出咨询须填写"读者咨询登记表",并按图书馆规定的时间来馆索取解答意见,如需将解答意见寄给你,还须注明邮寄地址。

三、专题文献资料的咨询

科研人员或科研单位因生产、科研、教学需要某些专题文献资料或有关情报,可以利用图书馆的参考咨询室或科技文献检索工具室。那里存放着许多重要的参考工具书。这些书是经常需要查看的科研必备书。它们主要是一些期刊论文索引和其它检索工具。它们经常向科研工作者提供线索,帮助他们获得书刊资料。

如果你遇到了疑难问题,也可以向图书馆提出咨询,请图书馆员来帮助你。当你需要馆员帮助你查找你所需的专题文献资料时,应该注意:

第一,说清你的需要。因为,只有馆员弄清了你的具体需要,才能帮你查得又全又快。

第二,说明你已进行的检索。简要地说明你已进行了哪些检索,便于馆员帮你获得正确的检索途径,从而能够节省时间。

第三,说清你的时间要求。查找你的课题,也许需要三周时间,是刚好呢?还是太迟了?讲清你希望多长时间,以免耽误你的工作。

你提出咨询时,也要填写"读者咨询登记表",无论是社科咨询还是科技咨询,登记表大体相同。

图书馆为了了解读者的阅读需要和阅读效果,以及读者对图书馆工作的意见、要求,还经常向读者进行调查,除召开读者座谈会外,普遍采用的方法是发"调查表"。当你收到图书馆的"调查表"后,请认真填写,把你的阅读需要、阅读效果,以及意见、要求告诉图书馆,以便帮助图书馆总结工作经验,不断改进工作方法,更好地为广大读者服务。

第八章　现代化图书馆展望

图书馆作为一个科学教育文化事业单位,已经成为人类文明的组成部分,它已深入到人们生活的各个方面,它越来越受到人们的重视和爱护。随着人类文明的发展,特别是在人类科学技术突飞猛进、一日千里地发展的今天,一个规模日益庞大、服务范围不断扩展、形式日益复杂,传递手段越来越先进的信息时代正在到来,图书馆也正在由传统的图书馆急剧地向现代化迈进。

我国传统的图书馆已为广大读者所熟悉和利用。将来的图书馆会发生什么变化? 这不仅是图书馆工作者关心的问题,也是广大读者关心的问题。

从一篇知识小品谈起

你读过《光明日报》一九七八年五月四日刊载的知识小品《热心的"管理员"》吗? 这是一篇别开生面、趣味盎然的知识小品。作者用形象生动的语言从一个侧面介绍了电子计算机进入图书馆工作领域后的新变化,把我们引入未来图书馆世界的漫游中。文章是从作者收到图书馆的催书单开始的:

昨天下午,我收到了图书馆用汉语拼音打印的一张还书催单,其内容不仅列出了我该还的书名,还详细地开列出我借阅的日期。

我第一次收到这样的还书催单——过去都是管理员打电话来催的,因而我想:管理员同志本来就够忙的了,再加上要查询和开列这样的催书单,他们一定是忙坏了!所以,今天一上班,我就怀着内疚的心情到图书馆还书了。

可是,当我走到服务台前时,却看不见管理员,只见一台电子计算机。那指示灯一闪一闪,似乎在说:"你找管理员吗?我就是呀!"再看看那检索室,嘿,好气派!原来放置检索柜的地方,已安装上了一排排字符显示器,不少读者正在那儿进行着人机对话呢。

我走进了检索室,在一台空闲着的字符显示器前坐下。字符显示器的屏幕上,正显示出这么一句话:"如果你需要我帮忙的话,请按一下'REJURN'键。"我轻轻按了一下这个键码。这时,显示屏上又显示出新内容:"你是第一次跟我打交道吗?如果是,请回答'I',否则请回答'O'。"我老老实实地按了个"I"——说时迟,来时快,我刚按下这个键,放置在检索室最右边的行式打印机就"嚓嚓"地打印起来了。电子计算机又通过字符显示器通知我:"请即到行式打印机处去取使用说明!"我带着好奇的心情,按它的指点,从行式打印机上取下一份刚打印出来的《计算机文献检索系统 JOJ 使用说明》,和附在后面的一篇科普文章《谈谈我——电子计算机是怎样进行检索的》。

当我按"使用说明"办完了还书手续后,又怀着浓厚的兴趣,试了试 JOJ 的检索功能。

按照"使用说明"向计算机提出检索要求后,我首先选择了"主题词组合检索方式",用英文缩写词输入了"LSI(大规模集成电路)、CAD(计算机辅助设计)……"过了半分钟左右,突然听到字符显示器响起了一阵清脆的铃声,随即看见屏幕上开列出一页文献清单,右上角上并写着:"如需看下页,请按一下'SPACE'键。"我兴奋地看了看那清单,不觉失声叫了起来:"唷,真对口呀!"我一页一页地往下看,并记下要进一步看文献摘要的文献编号。后来,我又通过字符显示器和计算机对话,要求它开列所需的文摘,计算机都一一应允了。我仔细地看完文献,选中了其中的五份资料。这时,我突然想起我早就想借而未能借到的一本中文资料,根据"文献名与作者名组合检索方式",要求计算机代为检索。结果,计算机通过字符显示器告诉我,该书已被某读者借去了——而我十分惊奇的是,它还告诉我:"电子研究所尚有两本未借出,已代为预约,两天内有效,请去办理借阅手续。"——这,这真是奇迹呵!

末了,当我借到了所需的五份资料,并打算去电子所借阅我早就求之不得的那本书而告诉计算机所要求的服务已完结时,计算机又客气地通过字符显示器对我说:"亲爱的读者:今后每月的第一个星期二我将主动地向你推荐一批适于你的专业需要的新文献,请到时收阅——祝你在科研工作中取得新成就!"

"最后,请收下我的一份礼物——'最近的科学新闻汇编'。再见!"这时,我又听到了那行式打印机的"嚓、嚓"打印声……

当我离开图书馆时,那服务台上的电子计算机依然不断地向我眨着眼睛,似乎在说:"满意么?请提宝贵意见!"我按捺不住内心的激动,竟对它说:"你——真是个热心的'管理员'啊!"

《热心的"管理员"》确实把大家引入了一个令人神往的新的世界。但这绝不是科学家的幻想。现代技术,尤其是电子计算机技术在图书馆各项工作中的广泛应用,使传统图书馆的形象发生了质的变化。

当然,这篇知识小品带有一定的幻想色彩,就目前情况看,即使是世界先进的图书馆要以现代电子技术完全取代传统的方法还是不现实的。就我国图书馆事业来说,在很长的时期里,还是以传统的技术方法来为广大的读者服务的。但是,由于人类文明特别是科学技术的迅速发展,随着四化建设的进程,我国图书馆的面貌必将发生深刻的变化,现代化的图书馆事业一定会呈现在广大读

者面前，

藏书千万卷并非难事

"弹丸之地，能藏书千万卷"，乍听起来，就像是传说中的弥陀佛的大衣袖能容纳东海之水一样神奇。可是在科学技术发展突飞猛进的今天，这绝不是荒诞离奇的故事。

现在，让我们漫游一下图书馆的书库吧！这里藏书丰富，浩如烟海。在一般大中型图书馆里，往往收藏着数十万、数百万甚至数千万册的文献资料，真可谓"书的世界""知识的海洋"啊！

随着国民经济、文化教育和科学技术事业的发展，书刊资料源源而来，其数量更是与日俱增。藏书数量的增长，带来了藏书空间的紧张，而书库扩建的速度，无论如何是赶不上书刊资料的增长速度的。因此，解决图书馆藏书空间紧张问题是个很大的难题。然而，一种区别于普通图书的新型出版物——缩微图书的出现和发展，为解决藏书空间紧张问题带来了希望。

什么是缩微图书呢？缩微图书与普通图书不同，它是应用现代摄影技术原理，把记载在普通图书上的文字、图像等缩微复制在特种材料上的一种文献资料。由于这种出版物比普通图书小许多倍，具有极高的缩微倍率，因此，人们往往把各种形式的缩微复制品统称为"缩微图书"或"缩摄图书"。

缩微图书的形式多种多样，最常见的主要有缩微胶卷、缩微平片和缩微印刷品等品种。这样的图书，不能随意翻阅，只有通过显微阅读设备才能利用。

但是，缩微图书还是有它独特的长处。首先，它具有极高的缩微性。现在，由于缩微技术的新发展，在缩小倍率上从过去的1/10、1/30、1/40，推进到1/60、1/100、1/200，1/350，甚至更高。这就意味着在 4 x 6 吋的超缩微片上可以存贮 22,500 页甚至更多的文献资料。其次,缩微图书有统一的规格。无论原书刊的开本大小如何,都可按缩微图书的规格加以复制。

缩微图书的发展,对图书馆工作产生的影响极为深刻。现在,有的图书馆为了大量节省藏书空间以及保护珍贵的书刊资料,实现文献检索的自动化,已经收藏利用了缩微图书,并且形成了现代化图书馆的一个特点——文献存贮缩微化。更可喜的是,缩微图书还使人们梦寐以求建立缩微图书馆的心愿有可能实现了。现在,人们利用缩微图书可以高密度存贮文献资料的功能,已经可以建立一个小巧玲珑、藏书丰富的微型图书馆了。目前,有些国家已经出现了手携式的微型图书馆,实际上是一个约 $90 \times 50 \times 25$ 公分的手提皮箱,里面可装小型折叠式阅读器两架,$105 \times 148mm$ 缩微本片三盒(每盒 500 张,每张 3,280 页)。也就是说,相当于藏书 10 万到 30 万册。然而,在科学技术突飞猛进的今天,手携式微型图书馆的出现也并不算太新鲜了。据报载,又一种崭新的微型图书馆——"口袋里的图书馆"即将诞生了!这是一种利用激光全息摄影技术,将图书一页一页文字的全部信息缩纳在胶片的一点上,针孔之地可容纳一部几百万字的巨著。

一张胶片即可贮存一座图书馆藏书的全部内容。据说,即将出现的新型记录材料,每平方厘米上可以贮存一百亿页书,如果每部书以一千页计算,就等于一千万部巨著了。也就是说,象大拇指这么小的"图书馆",藏书竟达一千万部,相当于一座北京图书馆!世界上有这么大的藏书量的图书馆也是为数不多的。所以,口袋里装一个图书馆的说法一点也不夸张。

形象生动的视听图书馆

什么是视听图书馆？这得先从什么是视听资料谈起。大家知道：在现代化的图书馆里，藏书数量之多、品种之全，类型之广是过去任何时代的图书馆所不能比拟的。但人们最熟悉的，则是那些通过铅印、油印、石印、胶印等方式印刷的普通图书。普通图书是一种存在了数百年的传统形式。它的优点是便于阅读，便于携带，因而可以广泛流传。然而，随着现代科学技术的发展，图书馆里也出现了与普通图书迥然不同的新型文献资料，一种被人们称为"特种图书"的视听资料。

视听资料是什么呢？它是通过像频和声频等手段直接记录图像、文字和声音的文献资料。由于使用者通过视觉器官和听觉器官获得它所记录的信息，因此人们又把它称作直感资料或直感图书。视听资料主要包括唱片、幻灯片、录音带、录像带、影片、缩微胶卷和磁带等等新型出版品。

七十年代初，人们还研究出了一种电视唱片。这种唱片不但具有缩微图书高密度存贮信息的特点，而且还能录放声音、图像和文字。一张唱片就是一部电影。在一张唱片上可容纳四万五千个彩色图像、九万多个幻灯镜头。如果用来存贮文字，一张直径30厘米的唱片即可存贮四十年每期100页的月刊内容。这种唱片是双声道，可以同时录入两种不同的语言。每个图像都编有号码。利用者通过控制键和电视、唱机，就可以在电视屏幕上视听有声有色的内容。同时，由于每个图像都编有号码，利用控制键上的阿拉伯数字，就可以直接要出某一个编号的图像，还可以使图像按着你所喜欢的速度前进、倒退或者停留一段时间。

视听资料不像普通图书那样可以随意翻阅，只有通过唱机、录音机、放像机、放映机和幻灯机等设备才能视听。使用起来不如普通图书方便。但是，它却具有形象生动、栩栩如生、引人入胜的特点。它不受时间、空间限制，可以重现普通图书无法表达的内容。

视听资料可以闻其声、见其形，给人以直接感觉。通过影片、录音带等视听资料，可以将现实中的各种现象——包括运动中的现象——再现出来。例如，现实中有许多现象在时间上是很短暂的，一瞬间就要消逝，人们很难看清楚。如蛇的蜕皮，影片或录像都可以把它拍摄下来，还可以用高速摄影法使其过程减慢，供人们在银幕上观察、研究。现实中也有些现象的运动和发展过程是十分缓慢的，人们在短时间内很难看出其变化，如树芽生长成枝，录像、电影都可以用定时摄影的方法把它拍摄下来，使人们在几秒钟内即可观察其全部生长过程。

确实，通过视听资料，人们不但可以看到宏观世界的各种物体及其运动，而且可以看到微观世界的许多现象极其微妙的变化。甚至那些用肉眼观察的植物的光合作用，分子的运动，以及原子核的破裂等，都可以用动画把它显示出来。

近年来，国外许多出版业不仅对一些科技文献，而且还对有些科技书刊出版了磁带、录音录像带、唱片、幻灯片、电影等。特别是一些学习外语的教科书，绝大部分都是以视听资料为主，以印刷教材为辅。某些理工科和医科教学用的教材也都采用录像带、幻灯片、电影等视听资料。这种发展趋向方兴未艾，其前途不可限量。

对于视听资料这种新型的文献资料，无论是国内还是国外，许多图书馆都把它列为收藏对象，并开展了各种形式的视听服务活动。有的国家还建立了专门利用视听资料的特种图书馆。

在视听资料图书馆里，读者可以在"语言学习室"通过盒式磁带和唱片学习各种外国语言，或研究本国各地区的方言；可以在"音乐资料室"里收听欣赏著名音乐节目；还可以在"视听室"里，通过各种视听设备如录音带、录像带、唱片、幻灯片、有声影片和无声影片等,收看收听各种影像和声音。在这里,你可以收听各种所需资料的全部内容;收看各种通过看书很难理解的直观资料,如各民族舞蹈、民间风俗、动物、植物生态,以及社会生活、生产科研中的许多宝贵资料,从而极大地丰富你的头脑,增长你的知识。

"秀才不出门,能借天下书"

在传统的图书馆里,你要借一本书,就得翻卡片,查目录,填单子等,忙上一阵子,最后才能借到所需要的书。有时候,如果碰上藏书混乱、家底不清的图书馆,虽然你好不容易查卡填单,并站在借书处焦急等待,最后还是可能听到一声"没有",因而使你乘兴而来,扫兴而归。

如果要了解当今世界上有关某个专题的文献资料,那就更困难了。然而,采用电子计算机存贮文献资料和检索文献资料的科学管理系统,利用自动检索系统输入所需文献资料的主题名称等项目,半个小时内就可以从中央计算机的信息库中提取文献资料,并且可以同时为几百个题目提供所需的文献资料。你所需要的文献资料,可以逐页显示在电视机屏幕上。

如果利用通讯线路把全国主要的情报资料中心连接起来,形成计算机检索网络,这样,只要在家里或单位里安装一个终端设备(实际上是一种机器,它可以是一台打字机或一个电视显示屏),读者无须外出,就可以利用电话或其它通讯设备随意查找所需文献资料,这时你不但可以查阅到本地区、全国的文献资料,而且可以查阅世界上其它国家所存贮的文献资料。当你决定要某篇或某本文献资料,并且希望获得它的全部内容的时候,电子计算机的输出系统就会将它显示出来,并为你提供文摘或全文。

随着电子技术的飞跃发展,利用计算机进行文献资料的检索,已经进入实用阶段。特别是计算机网络的建立,使得利用计算机检索文献资料的工作效率在深度和广度上得到更加充分的发挥。世界上许多国家都有了各种类型的计算机检索网络,甚至有跨洲际的计算机检索网络。

那么什么叫计算机网络呢?用通讯线路把许多个分布在不同地点的数据库(或称文献资料库),以及计算机和终端用户联接成的系统,就叫计算机网络。计算机网络最突出的特点是"资源共享",就是一台计算机存贮的文献资料和数据,可以通过网络被其它任何地方的计算机或终端机调用。由电子计算机网络联结的情报存贮系统,不但能够把整本整架的图表书籍,而且能把整座整座的图书馆容纳进去。例如,美国医学图书馆建立的国际计算机信息系统网络,现在有一千多个美国医学机构和十二个国家的主要卫生中心与世界上最大的医学图书馆的一个计算机化信息系统连接着,形成了一个庞大的国际网络。它储存一九六五年以来发表的卫生科学杂志和书籍的参考条目约四百五十万条。可随时提供世界各地几乎任何医学问题所发表的权威报导的参考资料。据报导,这个网络为一个病例提供文献的事实,充分说明了它的价值所在。

美国新泽西州一家医院收了一个不能走路的患者。检查表明,瘫痪是由一团组织压迫脊柱所致。验血揭示,他还患有库利氏贫血症,这是一种罕见的贫血症。

医生们考虑用手术切除这团组织,但是又担心由于血液情况不好可能会引起重发症。

医院图书馆管理员问这个系统的计算机,它是否有任何瘫痪与血液病联系在一起的资料。

计算机立即作出回答,提供了极少见的这两种病结合在一起的唯一参考材料。很幸运,它恰巧登载在医院图书馆收藏的一份医学杂志上,几分钟之内,医生们就对它研究起来了。

这篇文章指出,只报导过八个这样的病例,在这八个病例中,手术或尸体解剖都证明这两种情况之间有联系。引起脊柱受压的原因不是肿瘤,而是异常的血液形成的组织。效果最好的疗法是放射疗法,而不是动手术。

放射学家们开始进行治疗,几天之内这个异常的团块溶解了。患者又能走路了,两周之后他就出院了。

计算机检索网络的发展前景是迷人的。它除了用于文献检索外,还可以用于编制图书目录、资料索引等。有人预测,到2000年,随着高密度存贮系统的解决,将通过卫星连接各地巨大的文献资料中心和数据库,几乎人类的全部知识都将存贮在电子计算机的记忆系统中,那时候,人们可以从家中的电视机屏幕上随时读到世界各地的报刊和书籍。此外,用户还可以远程使用分散在各地的计算机网络中的计算机,调用网络中的各种文献中心和各种数据库的信息。到那时,在每个读者面前,就像耸立着一座巨大无比的图书馆那样,要什么有什么,从而真正实现广、快、精、准地利用人类极其丰富的知识财富的理想。到那时,也许可以这样说:任何文献资料都是"远在天边,近在眼前",虽然是远隔千山万水,但在查找文献资料时,可以打破地理上的障碍,获得所需的丰富的文献资料,"秀才不出门,能借天下书"的愿望终将变为现实。

自动化的读者借阅系统

读者利用图书馆,一般说来,总是希望图书馆员能为自己多提供一些方便,能尽快地挑选借阅所需书刊资料。为了满足读者的这种愿望,现在国外有90%以上的图书馆,国内也有越来越多的图书馆实行开架式的阅览服务。除了各阅览室所备常用的字典、辞典、百科全书、书目、索引、文摘、年鉴等工具书外,一部分借阅率高的图书,都专门放在开架书库里面,读者只要遵守图书馆的规定,熟悉图书分类情况,即可直接进入开架阅览室或书库随意挑选图书,有时也可在图书馆员的指导下,查找到自己需要的书刊,拿到服务台办理手续。

开架阅览的服务方法,如果借助电视监控系统进行管理,不但可以节约管理人员,而且可以提高工作效率。每一个阅览室的情况,在监控台的电视屏幕上都可以看得一清二楚,当某一个阅览室发生情况需要处理时,就可以立即派人去协助。读者有什么要求,也可以及时与管理人员取得联系。如果读者需要借书,管理人员可以帮助你办理手续,并通过"自动送书器"*从书库给读者取书。这种"自动送书器"把书库和服务台连接起来。管理人员通过监控器调用"自动送书器",即可以从书库中索取图书,然后按一定轨道运行,拐弯,垂直上下,运行自如,非常方便。如果读者需要获得图书馆的文献资料,在多数情况下,通过该馆借阅或复印就可以得到解决。但是有时也可能缺藏,或者被别的读者借出。这时,请不要焦急,在图书馆里,还办理电话传真复制业务,读者所需文献资料,从邻近图书馆的书库中取出,拿起电话,几秒钟就可以传真到对方复制出来。假如晚上没有人在,也可以传真复制留下。假如通过卫星电话连接,外国的文献资料也能传送到本地进行复制。这些管理系统,代替了人力,既减轻了图书馆员的劳动强度,也节约了读者等候取书和复制文献资料的时间。

读者到图书馆借阅书刊时,都有这样的愿望:就是希望很快地知道自己需要的书刊图书馆是否入藏?是否借出?什么时候可能借到?等等。为了提高图书借阅工作的质量,满足读者的上述要求,图书馆员需要想办法回答三个问题:一是谁借了哪些书;二是哪种书被谁借出去了;三是什么时候某本书该还回来。因此,在传

---

* 参见:魏龙泉《现代化的日本大学图书馆》,《光明日报》1979 年 2 月 22 日

157

统的工作中,就不得不把那些可以作为查找标志的"借书证"、"书袋卡"、"索书条"等等,按一定的排检方法组织成几套检索系统,以便解决读者提出的各种问题。这就是图书馆借阅工作中经常提到的"单轨制"、"双轨制"、"三联单制"等等管理方法。

用这些方法管理借还书工作,办一次借书手续需要几分钟,还一次图书也需要几分钟,如果图书馆员不慎将卡片排错,那就不是几分钟可以解决的问题了。同时,读者还需为这种管理方法服务,要在借书卡上填写各种事项,图书馆员还得腾出时间,把读者借书的记录进行整理排列和做出统计;读者借书过期时,还得填写催书单,向读者催还图书。这些方法,无论对读者还是对馆员都不方便。

能否用先进的自动化管理系统来代替这种落后的操作方法呢?配有电子计算机的自动化管理系统,用于图书借阅工作,就能自动处理和回答借阅中的各种问题。例如一种采用电子计算机的光笔系统,可以用来处理借书、还书、续借、预约等手续。

这种光笔装置,首先要把图书登记号和借书证号编成条形码,这种条形码就是用粗细不同、排列组合也不同的黑色线条表示数字和符号。借还书时,用联接在数据收集器上的光笔在条形码上划一下,一切手续就算办理完毕,并把什么人借了或还了什么书的信息记录在盒式磁带上。办理一次借书还书手续,只要三秒钟,比过去提高工效大约二十倍。这种小磁带可以等到一定时候成批输入计算机,并自动处理有关书刊流通的一系列问题,如到期不还,可自动打印出催还通知信;长期违反规定的读者如果再来借书,可自动示出黄色灯光或字符以表示此人应暂停借书权,如果读者从目录中查到某本书,但在书架上找不到时,可以把图书代码输入进去查询,显示器上就可以告诉你这本书是什么时候被谁(实际上是代码)借去了。这时,如果你想预约已被他人借出的书刊,即可将借书证代码和图书登记号码输入进去,记录下来,当原借书人前来还书时,即可自动显示出绿色灯光或字符,以表示此书已有人预约,可以不必还架,并自动打印出通知信,让预约人前来借书。如此等等,一个自动化的借阅系统,可以管借、管还、管预约、管查复本、管催还、管做统计,而且手续是那么简单,为馆员和读者提供了十分方便的条件。据报导,英国图书馆在利用这些技术后,每年可完成世界各地借阅任务达二百五十万项,从而大大节省了广大读者特别是科技人员的时间。

人们认为,自动化图书流通系统将鼓励邻近图书馆将他们的计算机联接起来,使各馆的馆藏能更广泛地为读者服务。美国纽约大学的 Bobst 图书馆就是这样做的。它与另外三个大学图书馆进行了合作。读者只需有一张阅览证就可不必经过馆际互借手续而遍阅四个馆的书。有人预测,到八十年代,自动化图书流通系统在公共图书馆界将是通用的办法,读者和图书馆的关系将会更为密切。

现代科学技术的发展是十分迅速的。人类从结绳记事到录像录音,从鸿雁传书到卫星通讯,虽然经历了几千年的时间,但从乘牛车马车到乘宇宙飞船,从点蜡烛照明到拥有核能发电站,从大刀长矛到现代的杀伤武器,却是近百年内发生的事情。图书馆事业从古代的藏书楼发展到现代化的图书馆,也是伴随着人类社会的发展而前进的。

人类社会的发展告诉我们,随着人们科学文化水平的极大提高,随着生产技术的高度自动化,人们劳动时间必将相对缩短,而学习受教育的时间则将相对延长。与此相适应,人们对于记载人类知识财富的书籍的需要将更为迫切。到那时,一方面是人们随时随地都需要书籍,需要知识;另一方面是人们随时随地都能获得书籍,获得知识。因此可以预见,随着图书馆工作的现代化,图书馆实现高度社会化的日子必将到来,图书馆必将成为信息中心、知识宝库,真正成为培养各类人才的重要基地,而作为图书馆灵魂的图书馆员,将为人们学习知识和技能做出积极贡献,最终将被视为信息科学家,人类精神生活的组织者。

附　　录

一　中国图书馆图书分类法

简　　表

A　马克思主义、列宁主义、毛泽东思想

1　马克思、恩格斯著作

2　列宁著作

3　斯大林著作

4　毛泽东著作

5　马克思、恩格斯、列宁、斯大林、毛泽东著作汇编

7　马克思、恩格斯、列宁、斯大林、毛泽东的生平和传记

8　马克思主义、列宁主义、毛泽东思想的学习和研究

B　哲　　学

0　哲学理论

1　世界哲学

2　中国哲学

3　亚洲哲学

4　非洲哲学

5　欧洲哲学

6　大洋洲哲学

7　美洲哲学

81　逻辑学（论理学）

82　道德哲学（伦理学）

163

附录二　中国主要图书分类法大纲

名称	中国科学院图书馆图书分类法	中国人民大学图书分类法	中小型图书馆图书分类表	中国图书分类法	杜氏图书分类法	中国十进分类法
编辑者	中国科学院图书馆	中国人民大学图书馆	该书编辑小组	刘国钧	杜定友	皮高品
大类数量	25 大类	17 大类	21 大类	10 大类	10 大类	10 大类
大纲和标记	00 马克思列宁主义、毛泽东思想	1 马克思列宁主义、毛泽东著作	A 马克思列宁主义	000　总部	000　总类	000　总类
	10 哲学	2 哲学、辩证唯物主义与历史唯物主义	B 哲学	100　哲学	100 哲理科学	100　哲学
	20 社会科学（总论）	3 社会科学、政治	C 社会科学总论	200　宗教	200 教育科学	200　宗教
	21　历史	4 经济、政治经济学与经济政策	D　历史	300 自然科学	300 社会科学	300 社会科学

大纲和标记	27 经济、经济学	5 国防、军事	E 经济	400 应用科学	400 艺术	400 语言文字学
	31 政治、社会生活	6 国家与法、法律	F 政治、社会生活	500 社会科学	500 自然科学	500 自然科学
	34 法律、法学	7 文化、教育	G 法律	600 史地	600 应用科学	600 实业、工艺
	36 军事、军事学	8 艺术	H 军事	700 史地	700 语文学	700 美术
	37 文化、科学、教育、体育	9 语言、文字学	I 文化、教育	800 语文	800 文学	800 文学
	41 语言、文字学	10 文学	J 语言文字	900 美术	900 史地学	900 历史
	42 文学	11 历史、革命史	K 文学			
	48 艺术	12 地理、经济地理	L 艺术			
	49 无神论、宗教论	13 自然科学	M 宗教、无神论			
	50 自然科学	14 医药、卫生	N 自然科学总论			

（续表）

大纲和标记	51 数学	15 工程、技术	P 数理科学和化学			
	52 力学	16 农艺、畜牧、水产	Q 地质、地理科学			
	53 物理学	17 综合参考	R 生物科学			
	54 化学		S 卫生医药			
	55 天文学		T 农业技术			
	56 地质、地理科学		U－Y 工业技术			
	58 生物科学		Z 综合性图书			
	61 医药、卫生					
	65 农业科学					
	71 技术科学					
	90 综合性图书					